# 선문오종강요
### 禪門五宗綱要

# 환성시집
### 喚惺詩集

동국대학교 불교기록문화유산아카이브사업단(ABC)
본서는 문화체육관광부 지원으로 동국대학교 불교학술원에서 간행하였습니다.

한글본 한국불교전서 조선 36
## 선문오종강요 · 환성시집

2017년 4월 14일 초판 1쇄 인쇄
2017년 4월 24일 초판 1쇄 발행

**지은이** 환성 지안
**옮긴이** 성재헌
**펴낸이** 한태식
**펴낸곳** 동국대학교출판부

**주소** 100-715 서울시 중구 필동로 1길 30
**전화** 02-2260-3483~4
**팩스** 02-2268-7851
**Homepage** http://www.dgpress.co.kr
**E-mail** book@dongguk.edu
**출판등록** 제2-163(1973. 6. 28)
**편집디자인** 꽃살무늬
**인쇄처** 보명C&I

© 2017, 동국대학교(불교학술원)

ISBN 978-89-7801-513-4  93220

값 17,000원

이 책의 무단 전재나 복제 행위는 저작권법 제98조에 따라 처벌받게 됩니다.

한글본 한국불교전서 조선 36

# 선문오종강요
禪門五宗綱要

# 환성시집
喚惺詩集

환성 지안 喚惺志安
성재헌 옮김

동국대학교출판부

## 차례

### 선문오종강요 禪門五宗綱要

선문오종강요 해제 / 9
선문오종강요 총목차 / 20
일러두기 / 22
선문오종강요 서문 / 23

1. 임제종 ......... 27
2. 운문종 ......... 47
3. 조동종 ......... 55
4. 위앙종 ......... 78
5. 법안종 ......... 80

잡록 ......... 85

찾아보기 / 97

### 환성시집 喚惺詩集

환성시집 해제 / 109
환성시집 총목차 / 120
일러두기 / 126
환성의 시권에 제하다 / 127

시詩 144편 ......... 129

부록 ......... 269

환성 화상 행장喚惺和尙行狀 ......... 273
문정목록門庭目錄 ......... 279

찾아보기 / 288

# 선문오종강요
| 禪門五宗綱要 |

환성 지안 지음
喚惺志安\*撰

---

\* ㉘ 찬술자의 이름은 『한국불교전서』 편찬자가 삽입한 것이다. ㉙ 『한국불교전서』에는 '喚性'으로 되어 있으나 같은 책에 수록된 『환성시집』의 예에 따라 '喚惺'으로 정정하여 제시한다.

# 선문오종강요禪門五宗綱要 해제

성 재 헌
한국불교전서 번역위원

## 1. 개요

이 책은 조선 시대 환성 지안喚惺志安(1664~1729)이 짓고, 그 제자 함월 해원涵月海源(1691~1770)이 편찬하였다. 내용은 육조 혜능慧能의 법계를 이은 다섯 종파, 즉 임제종臨濟宗・운문종雲門宗・조동종曹洞宗・위앙종潙仰宗・법안종法眼宗의 핵심 내용(綱要)을 간단히 제시하였다. 송대 회암 지소晦巖智昭의 『인천안목人天眼目』과 이를 간단히 요약한 고려 진정 천책眞靜天頙의 『선문강요집禪門綱要集』의 전통을 잇고 있고, 청허 휴정淸虛休靜의 『선가귀감禪家龜鑑』의 내용도 일부 반영하고 있다. 후대에 간행된 백파 긍선白坡亘璇(1767~1852)의 『선문오종강요사기禪門五宗綱要私記』는 이 책에 대한 비판적 해설서의 성격을 지니고 있다. 이 책은 조선 시대 선리 연구의 중요한 자료라고 평가할 수 있다.

## 2. 저자

대사의 행적은 「환성 화상 행장喚惺和尙行狀」과 홍계희洪啓禧가 찬한 「환성 대사 비명喚惺大師碑銘」에 전한다. 『환성시집』에 수록된 행장에 근거해 대사의 행적을 정리하면 다음과 같다.

화상의 법명은 지안志安이고, 자는 삼낙三諾이며, 환성喚惺은 호이다. 속성은 정씨鄭氏이다. 1664년(현종 5) 6월 10일에 춘천春川에서 태어났다. 15세에 출가하여 용문산龍門山의 상봉 정원霜峯淨源(1621~1709)에게서 구족계를 받았고, 17세에는 월담 설제月潭雪霽(1632~1704)에게 입학하여 법을 이었는데, 상봉과 월담은 모두 풍담 의심楓潭義諶(1592~1665)의 제자이다. 풍담 화상은 청허 휴정淸虛休靜(1520~1604) 대사의 제자인 편양 언기鞭羊彦機(1581~1644)의 법을 이었으므로 환성 대사는 곧 청허의 5대손이 된다.

상봉 대사는 해인사에서 『열반경』 등 3백여 부의 경전에 토를 달고, 봉암사에서 『도서都序』와 『절요節要』 등에 과문科文을 지을 만큼 교학에 해박한 분이었으며, 특히 『화엄경』에 정통했던 것으로 유명하다. 월담 대사 역시 뛰어난 선승이면서 『화엄경』과 『염송拈頌』에 해박했던 것으로 알려져 있다. 이로 보아 환성 대사는 당시 교敎와 선禪의 최고봉들에게 수학하는 천운을 누렸으며, 일찍부터 발군의 기량을 발휘했던 것으로 추정된다. 1690년(숙종 16) 행각을 떠난 대사가 직지사直指寺에서 명성을 드날리던 화엄종의 모운 진언慕雲震言(1622~1703)을 찾아뵈었을 때, 모운 대사는 그의 역량을 한눈에 알아보고 곧바로 강석을 물려주었다. 당시 그의 나이는 불과 27세였다.

대사는 한곳에 오래 거주하지 않고 전국 각지를 편력하며 선과 교를 함께 선양하였고, 폐사를 중수하며 중창하는 데 앞장섰다. 대사가 거주했던 대표적 사찰만 열여덟 곳이고, 호남의 사찰은 그 발길이 미치지 않은 곳이 없을 정도였으며, 가는 곳마다 법회가 성황을 이루었다고 한다. 당시의 모습을 제자 함월은 다음과 같이 기록하고 있다.

"거처는 일정하지 않았으나 가는 곳마다 법려法侶들이 문정門庭에 가득 찼으니, 교의를 논하면 아득히 넓은 것이 만 이랑의 파도가 이는 듯하였고, 선지를 굴리면 높고 우뚝한 것이 천 길 절벽과 같았다. 지금 해내海內에 선을 희롱하고 교에 통달한 자들은 다 선사의 풍격이니, 이른바 전단栴檀을 옮겨 심으면 다른 물건에서도 같은 향기가 난다는 것이다."

특히 1724년(영조 1) 봄 금산사金山寺에서 개설한 화엄법회華嚴法會에는 천백여 명의 대중이 운집해 영산회상과 기원정사를 방불케 했다는 것으로 보아 당시 피폐의 나락으로 치달리던 불교계가 그에게 걸었던 기대를 짐작할 수 있다. 그러나 영호남 불교계의 새로운 구심점으로 떠오른 대사가, 불교 세력의 규합을 두려워한 유생들에게는 지탄의 대상이 되었다. 결국 대사는, 1724년 금산사에서 가진 화엄법회가 무신년(1728, 영조 4)에 일어난 이인좌李麟佐의 난에 연루되었다는 죄명으로 1729년(영조 5) 지리산에서 체포되어 호남의 옥에 갇혔다. 얼마 후 무죄가 입증되어 풀려났지만 지역 관리들의 끊임없는 상소로 결국 제주도로 유폐되었고, 제주도에 도착한 지 7일 만인 1729년 7월 7일에 병사하였다.

"입적하던 날 산이 울고 바다가 들끓어 사흘 동안 그치지 않았다."라는 제자 함월의 표현처럼 환성 대사의 죽음은 억울하고 원통한 일이었으며, 꺼져 가는 불씨를 되살릴 기회를 놓쳐 버린 안타까운 사건이었다. 당시 환성을 홍법興法의 구세주로 여겼던 흔적은 행장 곳곳에서 발견된다. 그 중 하나는 꿈속에서 나옹 혜근懶翁惠勤 스님으로부터 "수미산을 걸머지고 큰 바다를 건널 수 있으니, 큰 교화의 문을 열어 수풀 속으로 들어가라."라는 말씀을 직접 들었다는 기사이다. 나옹 스님은 고려 말 회암사檜巖寺를 중창해 그곳을 중심으로 불법의 흥륭을 시도하셨던 분이다. 왕을 비롯한 수많은 민중들이 생불生佛로 받들며 나옹에게 결집되자 이를 두려워한 세력들이 그를 모함해 결국 여주 신륵사神勒寺에서 살해하고 말았다. 이후 피폐의 나락을 걷던 조선 불교계에서 나옹 화상은 불법 재건의 표상과 같은 분으로 추앙되었다. 태종과 세종의 총애를 받으며 백련사白蓮寺를 재건하는 등 불법의 흥륭을 시도했던 행호行乎(?~?, 15세기 활동)가 스스로 나옹 화상의 후신임을 자처했고, 문정왕후의 적극적 후원을 받았던 허응 보우虛應普雨(?~1565) 역시 호를 나암懶庵이라 하며 나옹의 계승자임을 자처했던 것도 이와 무관하지 않다. 또 "세 분의 성인이 입적하시는 곳"이라는 제주도의 전설에서 허응 보우와 대사를 연계시킨 것 역시 이런 사실을 입증하고 있다. 함월은 다음과 같이 기술하였다.

"중국의 정법보살正法菩薩이 그곳에서 열반하였고, 백 년 뒤에 다시 동국의 허응 대사가 그곳에서 입적하였으며, 그 뒤 우리 화상이 그곳에서 입적하였으니, 참으로 기이하고 기이한 일이다."

보우 대사는 문정왕후의 후원으로 명종明宗 때 선교양종禪教兩宗과 승과僧科를 부활시켜 불법의 중흥을 모색했었고, 유생들의 견제와 모함으로 제주도에 유배되어 목사 변협邊協에 의해 살해당했던 분이다. 이런 추정 자료뿐 아니라 환성파喚惺派라 불릴 만큼 큰 세력을 형성해 조선 후기 불교의 선도자로 활약한 많은 제자들만 보더라도 역사와 세월 속에 묻혀 버린 그의 활약상을 어느 정도는 짐작할 수 있다. 환성 대사의 저서로는 『선문오종강요』 1권과 『환성시집』 1권이 전한다.


## 3. 서지 사항

불분권 1책의 목판본으로 동국대학교 중앙도서관에 소장되어 있다. 제자인 함월 해원涵月海源(1691~1770)이 스승의 원고를 정리하여 1749년(영조 25) 함경도(關北) 안변(鶴城) 석왕사釋王寺에서 간행하였다. 서문은 함월 해원이 짓고, 글씨는 양일하가 썼다. 서문의 간기는 "숭정崇禎 기원후紀元

後 두 번째 기사년(再己巳)"으로 나와 있다. 이는 대사가 입적하고 20년 뒤인 1749년(영조 25)이 된다. 그런데 이 해는 숭정 연호를 사용한 후 세 번째 맞이하는 해로서 오해의 소지를 내포하고 있다. 동국대 중앙도서관의 서지정보나 동국대 한국불교종합시스템의 서지자료에 간행 연도를 1689년(숙종 15)이라 한 것은 이 때문인데, 잘못된 것이다. 책의 마지막 장에 있는 간기 역시 위와 같다.

시주질에는 모연을 도운 사람 명단을 제시하기에 앞서 "명주明州 송덕사松德寺 강사講師 설담 영률雪潭靈律, 덕명德明, 벽연碧衍, 계원戒圓"이 제시되어 있다. 현재 지명으로 송덕사는 함경북도 명천군明川郡 장덕산에 있는 절이다. 이 사찰의 강사들과 이 책의 편찬 사이에 어떤 관련성이 있었을 가능성을 제기하고 있으나 자세한 사항은 알려지지 않았다.

## 4. 내용과 성격

### 1) 서문

이 책의 편찬 동기와 목적에 대해 함월은 서문에서 다음과 같이 밝히고 있다.

다섯 종파는 모두 무無 가운데서 미묘한 곡조를 뽑아내 목청을 고르고 곡조를 바꾸었는데, 그 이름과 모양이 아주 많고 여러 전적에 산재해 있기 때문에 학자들이 그 오묘함을 규명하지 못하는 것이 병이었다. 이에 환성喚惺 화상께서 여러 전적들 가운데 요긴한 뜻만 채집하여 '오종강요五宗綱要'라 하셨다.

환성 화상이 주요 전거로 삼았던 전적은, 송대 회암 지소晦巖智昭가 저술한 『인천안목人天眼目』과 조선의 청허 휴정淸虛休靜이 저술한 『선가귀감禪家龜鑑』이다. 환성은 두 책과 더불어 여러 선적에 의거해 5종의 요강을 채집 수록하였다. 여기에 조동오위 부분은 제자 함월이 『보경삼매본의寶鏡三昧本義』 등의 자료를 참조해 일부 보완 수정하였다.

2) 본문

과목을 나누고 간략히 소개하면 다음과 같다.

(1) 임제종臨濟宗

① 임제종의 강요를 제시하였다. 임제종에 대해, "맨손에 한 자루 칼로 부처를 죽이고 조사를 죽인다. 옛날과 지금의 일을 삼현三玄과 삼요三要로 판가름하고, 용인지 뱀인지 빈주賓主로 시험하며, 금강왕보검金剛王寶劍을 쥐고서 대와 나무에 붙은 정령들을 소탕하고, 사자의 완전한 위엄을 떨쳐 여우의 간담을 찢는다. 임제종을 알고 싶은가? 마른하늘에 천둥 번개 요란하고, 평지에서 파도를 일으킨다."라고 하였다. 이는 청허 휴정 대사의 『선가귀감』 「임제가풍臨濟家風」에서 인용한 것이다. 이하 운문종·조동종·위앙종·법안종의 요강 역시 『선가귀감』에서 인용한 것이다.
② 임제의 3구(臨濟三句)를 소개하고, 그 뜻에 대한 풍 법사風法師와 월 선객月禪客의 문답을 수록하였다.
③ 삼현三玄, 즉 체중현體中玄·구중현句中玄·현중현玄中玄에 대한 임제 스님의 법문을 인용하였다.
④ 삼요三要, 즉 대기원응大機圓應·대용전창大用全彰·기용제시機用齊施에 대한 대혜 종고의 해설을 인용하였다.

⑤ 사료간四料揀, 즉 탈인불탈경奪人不奪境·탈경불탈인奪境不奪人·인경양구탈人境兩俱奪·인경구불탈人境俱不奪에 대한 임제 스님과 극부 상좌克符上座의 문답, 남원 혜옹南院慧顒과 풍혈 연소風穴延沼의 문답, 이에 대한 대혜 종고의 법문을 발췌하여 수록하였다.

⑥ 사빈주四賓主, 즉 빈중빈賓中賓·빈중주賓中主·주중빈主中賓·주중주主中主에 대한 청허 스님의 간략한 해설을 『선가귀감』에서 인용하고, 분양 선소汾陽善昭의 법문을 발췌하여 수록하였다.

⑦ 사조용四照用, 즉 선조후용先照後用·선용후조先用後照·조용동시照用同時·조용부동시照用不同時에 대한 청허 스님의 간략한 해설을 『선가귀감』에서 인용하고, 낭야 혜각琅琊慧覺의 법문을 발췌하여 수록하였다.

⑧ 사대식四大式과 ⑨ 사할四喝과 ⑩ 팔방八棒을 청허 스님의 『선가귀감』에 근거해 간략히 정리하였다.

(2) 운문종雲門宗

① 첫머리에 밝힌 운문종의 강요 역시 청허 스님의 『선가귀감』에서 인용한 것이다.

② 운문의 3구(雲門三句)에 해당하는 운문 스님의 법문과 그 제자 덕산 연밀德山緣密이 정리한 함개건곤函盖乾坤·절단중류截斷衆流·수파축랑隨波逐浪의 3구句를 소개하고, 이에 대한 청산 수青山叟의 해석을 자세히 인용하였다. 청산 수의 해석은 함월이 보완한 것이다.

③ 운문이 스님들을 볼 때마다 눈으로 훑어보고는(顧), 곧 "살펴보라.(鑑)"라고 말씀하시고, 혹은 "떨쳐 버려라(咦)."라고 하셨다는 "고감이顧鑑咦", 즉 추고抽顧에 대한 설명을 『인천안목』에서 발췌하여 인용하였다.

④ 질문에 한 글자로 간략히 대답했던 운문 스님의 일자관一字關에 대해 소개하였다.

⑤ 운문의 제자인 파릉 호감巴陵顥鑑의 3구를 인용하였다.

(3) 조동종曹洞宗

① 첫머리에 밝힌 조동종의 강요 역시 청허 스님의 『선가귀감』에서 인용한 것이다.
② 편정오위偏正五位, 즉 정중편正中偏·편중정偏中正·정중래正中來·겸중지兼中至·겸중도兼中到를 소개하고, 이에 대한 주석을 형계荊溪가 지은 『보경삼매본의寶鏡三昧本義』에서 발췌하여 인용하였다. 『보경삼매본의』의 해설은 함월이 보완해 삽입한 것이다.
③ 공훈오위功勳五位, 즉 향시向時·봉시奉時·공시功時·공공시共功時·공공시功功時에 대한 동산 양개洞山良价 화상의 법문을 소개하고, 더불어 향시向時·밥 먹는 때(喫飯時)·봉시奉時·배반할 때(背時)·공시功時·괭이를 내려놓을 때(放下钁頭時)·공공시共功時·색을 얻을 수 없을 때(不得色時)·공공시功功時·함께하지 않을 때(不共時)에 대해 간략한 해설을 첨부하였다.
④ 군신오위君臣五位, 즉 군위君位·신위臣位·신향군臣向君·군향신君向臣·군신합君臣合을 소개하고 간략한 해설을 첨부하였다.
⑤ 조산 본적曹山本寂의 삼타三墮, 즉 존귀타尊貴墮·이류타異類墮·수처타隨處墮를 소개하고, 이에 대한 대양 명안大陽明安의 해설을 첨부하였다.
⑥ 동산洞山의 세 가지 삼루(三種滲漏), 즉 견삼루見滲漏·정삼루情滲漏·어삼루語滲漏를 소개하고, 그 해설을 첨부하였다.
⑦ 동산의 삼강요三綱要, 즉 고창구행敲唱俱行·구쇄현로鉤鎖玄路·불타성범不墮聖凡에 대해 소개하고, 그 해설을 첨부하였다.

### (4) 위앙종潙仰宗

① 첫머리에 밝힌 위앙종의 강요 역시 청허 스님의 『선가귀감』에서 인용한 것이다.
② 삼종생三種生, 즉 상생想生·상생相生·유주생流注生을 소개하고, 이에 관련된 석불 충石佛忠 선사의 법문을 인용하였다.

### (5) 법안종法眼宗

① 첫머리에 밝힌 법안종의 강요 역시 청허 스님의 『선가귀감』에서 인용한 것이다.
② 육상의六相義, 즉 총總·별別·동同·이異·성成·괴壞에 대한 설명을 『인천안목』에서 인용하여 수록하였다.
③ 법안 문익法眼文益의 법을 이은 천태 덕소天台德韶의 사료간四料揀, 즉 문문聞聞·문불문聞不聞·불문문不聞聞·불문불문不聞不聞을 소개하였다.
④ 5종의 강요에 대한 총결로 원오 극근圓悟克勤 선사의 오종강요五宗綱要를 소개하였다.

### 3) 잡록雜錄

그 밖에 주요한 선문의 법문과 용어를 수집해 나열하였다.
① 세 종류의 스승과 제자에 대한 분양 선소汾陽善昭 선사의 가르침과 이에 대한 부산 원감浮山圓鑑 선사의 법문을 인용하여 소개하였다.
② 분양의 3구(汾陽三句), 즉 학인착력구學人着力句·학인전신구學人轉身句·학인친절구學人親切句를 소개하였다.
③ 암두巖頭의 사장봉四藏鋒, 즉 취사장봉就事藏鋒·취리장봉就理藏鋒·입

취장봉入就藏鋒·출취장봉出就藏鋒을 소개하였다.

④ 선종 동토東土 육대六代 조사祖師의 문답에 대한 대혜 종고大慧宗杲의 평을 인용하여 소개하였다.

⑤ 열 가지 무(十無), 즉 무위국無爲國·무성칭無星秤·무근수無根樹·무저발無底鉢·무현금無弦琴·무저선無底船·무생곡無生曲·무공적無孔笛·무수쇄無鬚鎖·무저람無底籃에 대한 간략한 해설을『인천안목』에서 인용하고, 더불어 무봉탑無縫塔과 무공추無孔鎚를 소개하였다.

⑥ 이류異類에 대한 네 가지 해석을 소개하였다.

⑦ 조주趙州의 삼문三門이라 칭한 게송 3수를 소개하였는데, 누구의 송인지 분명치 않다.

## 5. 가치

이 책은 거의 대부분을『인천안목』과『선가귀감』에서 발췌한 것이다. 발췌한 내용 또한 매우 소략하며 별달리 선지禪旨를 새롭게 궁구하고 선양했다 할 부분을 찾아보기 어렵다. 제자 함월이 운문의 3구와 조동오위에 대한 이해를 돕기 위해 청산 수 선사와 형계 선사의 주석을 참조해 보완한 점은 인정되지만, 전반적으로 깊이 있게 다루어졌다고는 보기 어렵다. 당송唐宋 시대에 화려하게 꽃피웠던 선문의 5종을 소개하는 기본적인 개론서 정도로 이해해야 할 것이다. 또 일부 항목에서는 그 용어만 나열했을 정도로 내용이 매우 빈약하다.

하지만 환성이 처했던 당시 불교계의 열악한 상황을 배경으로 이해할 때 이 책은 새로운 의미를 가지게 된다. 먼저 5종의 강요를 표방함에 있어서 청허 휴정의『선가귀감』에 수록된 내용을 채택해 조선의 선종禪宗이 청허를 비조鼻祖로 삼는다는 점을 분명히 했다는 것이다. 또한 회암 지소의 『인천안목』에서 주요 자료를 수집하고, 원오 극근의 '오종강요五宗綱要'로 마무리했다는 점은, 곧 조선의 선종이 임제종 양기파楊岐派에 연원한 것임을 드러낸 것이다. 또한 임제종의 근본 교의인 삼현·삼요·3구 등에 대한 제자 함월과의 깊이 있고 긴장감 넘치는 대화는 당시의 선종이 결코 천박하지만은 않았음을 증명하는 좋은 자료라고 하겠다.

결국 이 책은 당시 쇠퇴 일로를 걷던 조선 불교, 특히 선종禪宗의 빈약한 모습을 반증하는 좋은 자료이면서, 또한 이를 어떻게든 부흥시키고자 노력한 환성 대사의 면모를 확인시켜 주는 자료라고 하겠다. 그리고 후대의 백파 긍선白坡亘璇(1767~1852)의 『선문오종강요사기禪門五宗綱要私記』는 이 책에 대한 비판적 해설서의 성격을 지니고 있어 영향 관계가 있다.

# 선문오종강요 禪門五宗綱要 총목차

선문오종강요 해제 / 9
선문오종강요 총목차 / 20
일러두기 / 22
선문오종강요 서문 / 23


1. 임제종 ......... 27
    1) 3구句 ......... 28
    2) 삼현三玄 ......... 30
    3) 삼요三要 ......... 31
    4) 사료간四料揀 ......... 36
    5) 사빈주四賓主 ......... 39
    6) 사조용四照用 ......... 40
    7) 사대식四大式 ......... 42
    8) 사할四喝 ......... 42
    9) 팔방八棒 ......... 43

2. 운문종 ......... 47
    1) 3구句 ......... 48
    2) 추고抽顧 ......... 52
    3) 일자관一字關 ......... 52
    4) 파릉巴陵이 3구句로 운문雲門의 법을 계승하다 ......... 53

3. 조동종 ......... 55
    1) 편정오위偏正五位 ......... 56
    2) 공훈오위功勳五位 ......... 66
    3) 군신오위君臣五位 ......... 71

4) 조산曹山의 삼타三墮 ......... 73
   5) 동산洞山의 세 가지 삼루滲漏 ......... 74
   6) 동산이 널리 주창한 세 가지 강요綱要 ......... 76

4. 위앙종 ......... 78
   1) 삼종생三種生 ......... 79

5. 법안종 ......... 80
   1) 육상六相 ......... 81
   2) 덕소 국사德韶國師의 사료간四料揀 ......... 82
   3) 원오圓悟의 오종강요五宗綱要 ......... 83

**잡록** ......... 85
   세 종류 사자師子에 관한 말씀 ......... 85
   분양汾陽의 3구 ......... 87
   암두巖頭의 네 가지 칼날을 감춤 ......... 88
   육대 조사의 문답 ......... 89
   열 가지 무無에 관한 문답 ......... 90
   네 가지 이류異類 ......... 93
   조주趙州의 삼문三門 ......... 94
      −문수의 면목 文殊面目 ......... 94
      −관음의 미묘한 노래 觀音妙唱 ......... 94
      −보현의 미묘한 작용 普賢妙用 ......... 95

찾아보기 / 97

## 일러두기

1 '한글본 한국불교전서'는 문화체육관광부의 지원을 받아 동국대학교 불교학술원에서 수행하고 있는 '불교기록문화유산아카이브(ABC)사업'의 결과물을 출판한 것이다.
2 이 책은 『한국불교전서』(동국대학교출판부 간행) 제9책 『선문오종강요禪門五宗綱要』를 번역한 것이다.
3 번역문에 이어 원문을 수록하고 고리점(。)을 삽입하였다.
4 원문은 『한국불교전서』를 기본으로 하되, 그 저본이 되는 목판본을 대교하여 제시하였다. 역자의 교감 내용에서 '저본'이라 함은 『한국불교전서』의 저본(목판본)을 말한다.
5  원문의 교감 사항은 번역문의 각주와 별도로 원문 아래 부분에 제시하였다.
   ㉮은 『한국불교전서』 편찬자가 교감한 내용이다.
   ㉯은 번역자가 교감한 내용이다.
6 약물은 다음과 같다.
   『 』: 서명
   「 」: 편명, 산문 작품
   T : 『대정신수대장경』
   X : 『신찬대일본속장경』
   H : 『한국불교전서』
   Ⓢ : 산스크리트어

# 선문오종강요 서문

 가지치고 근본이 없는 가지는 없고, 갈래진 물결치고 근원이 없는 갈래는 없다. 하나의 법이 나뉘어 두 종(兩宗)[1]이 되고 두 종 역시 다섯 갈래(五派)를 이루었으니, 그 가지와 갈래에 근본과 근원이 있음을 확실히 알 수 있다. 무릇 대각 세존께서 다자탑多子塔[2] 앞에서 자리를 반 나눠 주셨으니, 이것이 제1처 전심傳心이며 살인검殺人劍이다. 영산회상에서 꽃을 들어 보이셨으니, 이것이 제2처 전심이며 활인도活人刀이다. 사라쌍수 사이에서 곽槨 밖으로 두 발을 보이셨으니, 이것이 제3처 전심이며 살활동시殺活同時이다.

 이 소식은 가섭迦葉 이래로 오직 한 사람에게만 전수되면서 조계曹溪[3]까지 이르렀고, 조계 문하에 두 분이 있게 되었다. 한 분은 남악 회양南岳懷讓[4]이니, 그 '살림(活)'을 종지로 하여 온갖 잡동사니를 늘어놓은 가게(雜

---

**1** 두 종(兩宗) : 흔히 선종禪宗과 교종教宗, 남종南宗과 북종北宗을 양종으로 칭한다. 그러나 여기에서는 육조 혜능慧能(638~713)을 종조로 하는 남종에서 형성된 두 파, 즉 청원 행사清源行思와 남악 회양南岳懷讓을 살殺·활活 양종이라 칭하였다.
**2** 다자탑多子塔 : Ⓢ Pahuputraka. 중인도 비야리성毘耶離城에 있던 네 개의 탑 중 서쪽에 있던 탑 이름이다. 부처님께서는 이 탑 앞에서 가섭을 만났을 때 자리를 나누어 가섭에게 앉기를 권했다고 전한다.
**3** 조계曹溪 : 육조 혜능慧能을 지칭한다.

貨鋪)를 여셨다. 또 한 분은 청원 행사淸源行思⁵이니, 그 '죽임(殺)'을 종지로 하여 진금만 파는 가게(眞金鋪)를 여셨다. 이렇게 해서 하나의 법이 살殺과 활活의 두 종으로 나뉘게 된 것이다. 청원 문하에서 하나의 종파가 나왔으니, 바로 조동曹洞이다. 남악 문하에서는 네 종파가 나왔으니, 임제臨濟·운문雲門·위앙潙仰·법안法眼이다. 이렇게 해서 두 종이 다섯 갈래로 나뉘게 된 것이다.⁶

다섯 종파는 모두 무無 가운데서 미묘한 곡조를 뽑아내 목청을 고르고 곡조를 바꾸었는데, 그 이름과 모양이 아주 많고 여러 전적에 산재해 있기 때문에 학자들이 그 오묘함을 규명하지 못하는 것이 병이었다. 이에 환성喚惺⁷ 화상께서 여러 전적들 가운데 요긴한 뜻만 채집하여 '오종강요五宗綱要'라 하셨다. 나는 이를 판에 새겨 사라지지 않게 해야겠다 싶었다. 그래서 그 잘못된 부분을 바로잡고 빠진 부분을 보완했으니, 운문삼구雲門三句에 대해서는 청산 수靑山叟 스님의 해석을 인용하였고, 조동오위曹洞五位에 대해서는 형계荊溪⁸ 스님의 주석을 인용해 그 의미를 통하게 하고 그 요지를 드러냈다. 이 모두가 앞선 현자들의 저술에 의존한 것이지, 내

---

4 남악 회양南岳懷讓(677~744) : 당나라 스님. 속성은 두씨杜氏며, 금주金州 안강安康 사람이다. 15세에 형주荊州 옥천사의 홍경弘景에게 출가하여 율을 배웠다. 뒤에 탄연坦然의 권고로 숭산 적안嵩山齠安을 만났고, 다음에 육조 혜능을 만나 시자로 15년을 모셨다. 713년에 남악 반야사에 들어가 30년을 주석하며 선풍禪風을 선양하고, 당 천보 3년에 68세로 입적하였다. 시호는 대혜 선사大慧禪師.

5 청원 행사淸源行思(?~740) : 당나라 스님. 속성은 유씨劉氏며, 길주吉州 여릉廬陵 사람이다. 어려서 출가하여 육조 혜능에게 법을 받고 상수 제자가 되었다. 뒤에 길주의 청원산 정거사에 주석하며 종풍을 크게 선양하고, 당 개원 28년 12월에 입적하였다. 당 희종이 홍제 선자弘濟禪者라 시호를 내렸다.

6 운문종과 법안종은 실제로 남악 회양 계통이 아니라 청원 행사 계통에 속한다. 이와 같은 법계에 대한 오류는 『선가귀감』의 내용을 그대로 수용한 것에서 비롯된 것으로 보인다. 이 대목은 중국에서도 일찍부터 비판의 대상이 되었다.

7 환성喚惺(1664~1729) : 자세한 전기는 이 책의 해제 참고.

8 형계荊溪 : 청나라 스님으로 생몰 연대는 확실하지 않다. 그가 해석하고 행책行策이 기술한 『보경삼매본의寶鏡三昧本義』(X63)가 전한다.

흉중의 소견은 조금도 없다.

스승의 자리에 걸터앉아 불자를 쥔 자가 이를 도외시한다면 종풍을 판별하고 증명할 방법이 없으리라. 하지만 근본과 근원을 투철한 자가 있다면 곧 이러한 갈등葛藤이 붙을 자리가 없다. 앞서 환성 화상께서 채집하시고, 지금 내가 판각하는 것이 까마귀가 참새를 키운 꼴이라는 그들의 비방을 초래할까 두려울 뿐이다.

북해 함월北海涵月[9]이 서문을 짓다.

숭정崇禎 기원후紀元後 두 번째 기사년(1749, 영조 25) 가을에 남원南原의 양일하梁一廈가 쓰다.

### 禪門五宗綱要序[1)]

蓋枝無無本之枝。派無無源之派。一法分爲兩宗。兩宗亦爲五派。其枝派有本源。固可知也。夫大覺世尊。多子塔前分半座。是第一處傳心。殺人劒也。靈山會上擧拈花。是第二處傳心。活人刀也。沙羅雙樹間槨示雙趺。是第三處傳心。殺活同時也。此箇消息。自迦葉以來。人傳一人。而至于曹溪。曹溪下有二人焉。一曰南岳懷讓。宗其活而開雜貨鋪也。二曰淸源行思。宗其殺而開眞金鋪也。此乃一法。分殺活兩宗者也。源下出一宗。曰曹洞。岳下出四宗。曰臨濟。曰雲門。曰潙仰。曰法眼。此乃兩宗分爲五派者也。五派之家。盡向無中。唱出妙曲。改聲換調。名相頗多。散在諸篇故。學者未窺其奧而病矣。喚惺和尙。採集諸篇中要義。曰五宗綱要。余欲繡梓。宜圖不朽。而正其僞補其闕。於雲門三句。引靑山叟之解。於曹洞五位。引荊溪

---

9 북해 함월北海涵月(1691~1770): 법명은 해원海源, 호는 함월涵月, 자는 천경天鏡이다. 속성은 이씨며, 함흥咸興 사람이다. 14세에 도창사道昌寺에서 출가해 선지식을 두루 찾아다녔고, 뒤에 환성喚惺을 모시고 종문宗門의 묘한 뜻을 얻었다. 조선 영조 46년에 나이 80세, 법랍 65세로 입적하였으며, 탑과 비가 석왕사 동쪽에 있다. 저서로 『천경집天鏡集』 2권(『한국불교전서』 제9책 수록)이 있다.

師之註。通其義顯其要。皆依前賢之述。而少無胃臆之見也。踞師位執拂柄者。外是則無以辨驗宗風矣。若有箇漢。透徹本源。則伊麼葛藤也無着處。前之採集。今之壽梓。烏頭養雀。恐招其謗爾。

北海涵月序。

崇禎紀元後再己巳秋。南原梁一厦書。

---

1) ㉔ 저본은 숭정 기원후 두 번째 기사년(1749, 영조 25) 관북關北 석왕사釋王寺 개간본이다.(동국대학교 소장)

# 1. 임제종 臨濟宗【기機와 용用을 밝히다.】

맨손에 한 자루 칼로 부처를 죽이고 조사를 죽인다.

옛날과 지금의 일을 삼현三玄과 삼요三要로 판가름하고, 용인지 뱀인지 빈주賓主로 시험하며, 금강왕보검金剛王寶劍[1]을 쥐고서 대와 나무에 붙은 정령들을 소탕하고, 사자獅子의 완전한 위엄을 떨쳐 여우의 심장을 찢는다.

임제종을 알고 싶은가?

마른하늘에 천둥 번개 요란하고, 평지에서 파도를 일으킨다.[2]

**臨濟宗【明機用】**

赤手單刀。殺佛殺祖。辨古今於玄要。驗龍蛇於主賓。操金剛寶劍。掃除竹木精靈。奮獅子全威。震裂狐狸心膽。要識臨濟宗麼。靑天轟霹靂。平地起波濤。

---

1 금강왕보검金剛王寶劍 : 금강왕이 가진 보배 검으로, 무엇이든 파괴할 수 있는 힘이 있다고 한다. 일체 번뇌를 파괴할 수 있는 반야의 지혜를 상징한다.
2 맨 손에~파도를 일으킨다 : 임제종에 관한 이상의 설명은 『선가귀감禪家龜鑑』 「임제가풍臨濟家風」(X63, 774b)에서 인용하였다. 참고로 『인천안목人天眼目』 권2 「임제문정臨濟門庭」(T48, 311b)에서는 "靑天轟霹靂。陸地起波濤。"라 하였다.

## 1) 3구句

임제 스님[3]에게 어떤 스님이 물었다.[4]

"무엇이 참 부처이고, 참 법이며, 참 도입니까? 스님께 가르침을 청합니다."

임제 스님께서 말씀하셨다.

"부처란 마음이 청정한 것이고, 법이란 마음의 광명이며, 도란 어디에도 걸림이 없는 깨끗한 광명이다. 이 세 가지가 곧 하나이니, 모두 공하여 실제로 존재하는 것은 없다. 오늘 이 산승山僧의 견처見處가 부처나 조사와 다르지 않다. 만약 제1구에서 깨닫는다면 부처나 조사의 스승 노릇을 감당할 것이요, 제2구에서 깨닫는다면 사람과 천신들의 스승 노릇을 감당할 것이며, 제3구에서 깨닫는다면 자신도 구제하지 못할 것이다."

어떤 스님이 물었다.

"무엇이 제1구입니까?"

임제 스님께서 말씀하셨다.

"삼요三要의 도장이 드러나 붉은 점들이 다닥다닥하지만, 주인과 손님을 나누려는 어림짐작조차 용납하지 않는다."

---

[3] 스님 : 원문은 '師'로서 누구를 지칭하는지 불명확하다. 이해를 돕기 위해 인명을 첨가하여 번역하였다. 아래에서도 마찬가지다. 임제臨濟(?~867)는 중국 스님으로 속성은 형씨邢氏, 조주 남화 출신이다. 출가한 후 제방을 편력하며 경론을 연구하고 계율을 철저히 지켰으며, 황벽 희운黃檗希運을 참례하고 법을 이었다. 하북河北 진주성 동남 호타하반滹沱河畔의 작은 절에서 지내며 임제원臨濟院이라 하였고, 후에 대위묵군화大尉墨君和가 자기 집을 절로 만들고 스님을 청하여 머물게 하였는데, 이 또한 임제원이라 하였다. 후에 대명부의 흥화사로 옮겼다가 함통 8년 4월에 입적하였다. 시호는 혜조 선사慧照禪師이며, 『임제혜조선사어록臨濟慧照禪師語錄』 1권이 전한다.
[4] 이하 임제 스님과의 문답은 『진주임제혜조선사어록鎭州臨濟慧照禪師語錄』(T47)과 『경덕전등록景德傳燈錄』 권12(T51, 290a) 등에도 수록되어 있지만, 문장이 정확히 일치하지는 않는다. 문장이 『인천안목人天眼目』 권1(T48, 301b)에 수록된 것과 일치하는 것으로 보아 『인천안목』에서 인용한 것으로 추측된다.

청풍淸風[5] 법사가 말하였다.[6]

"앞 구절은 먼저 관조하고 뒤에 활용한 것이며, 뒷구절은 먼저 활용하고 뒤에 관조한 것이다."

제2구에 대해 임제 스님께서 말씀하셨다.

"묘희妙喜가 어찌 무착無着의 질문을 허용하겠는가마는, 구화漚和[7]로야 어찌 흐름을 끊는 근기[8]를 저버리랴."

청풍이 말하였다.

"앞 구절은 진실(實)을 드러낸 것이고, 뒷구절은 그 방편(權)을 보인 것이다."

제3구에 대해 임제 스님께서 말씀하셨다.

"무대 위 꼭두각시놀음을 보라. 밀고 당기기를 모두 그 속에 있는 사람이 한다."

청풍이 말하였다.

"나한을 만나면 나한의 법을 설하고, 아귀를 만나면 아귀의 법을 설한다."【뒤의 2구에 대한 승려의 질문은 생략했다.】

三句

師因僧問。如何是眞佛眞法眞道。乞師開示。師云佛者。心淸淨是。法者。心光明是。道者。處處無碍淨光是。三卽一。皆空而無實有。山僧今日見處與佛祖不別。若第一句薦得。堪與佛祖爲師。第二句薦得。堪與人天爲師。

---

5 청풍淸風 : 『선문강요집禪門綱要集』에서 그 이름을 청풍 장로淸風長老라 하였다. 『선문강요집』의 저자인 진정 국사眞靜國師 천책天頙의 호로 알려져 있다.(김영욱, 『선문사변만어』, 동국대출판부, 2012. p.16 참조)
6 이하 청풍의 해설은 『선문강요집』(H6, pp. 850~860)에서 인용하였다.
7 구화漚和 : ⑤ upāyakauśalya의 음역인 구화구사라漚和拘舍羅의 줄임말. 방편선교方便善巧·방편승지方便勝智로 의역하기도 한다.
8 흐름을 끊는 근기(截流機) : 온갖 번뇌의 흐름을 단절하는 훌륭한 자질을 갖춘 자, 즉 상근기上根機를 말한다.

第三句薦得。自救不了。僧問如何是第一句。師云。三要印開朱點窄。未容
擬議主賓分。
風法師云。前句則先照後用。後句則先用後照。
第二句。師云。妙喜[1]豈容無着問。漚和爭負截流機。
風云。前句現乎實。後句示其權。
第三句。師云。看取棚頭弄傀儡。抽牽全借裡頭人。
風云。逢羅漢說羅漢。逢餓鬼說餓鬼。【後二句。除僧問也。】

---

1) ㉠ '妙喜'가 『임제록』(T47, 497a)과 『인천안목』(T48, 301b)에는 '妙解'로 되어 있다.

## 2) 삼현三玄

임제 스님께서 말씀하셨다.

"종승宗乘을 크게 알리려면 하나의 구절에 모름지기 삼현三玄의 문을 갖추고, 하나의 현玄 가운데 모름지기 삼요三要를 갖추어야 방편도 있고 진실도 있으며, 관조도 있고 활용도 있게 된다. 너희들은 어떻게 이해하느냐?"

첫째는 체중현體中玄이니, 삼세三世가 일념一念이라는 것 등이다. 둘째는 구중현句中玄이니, 지름길로 잘라 들어가는 언구 등이다. 셋째는 현중현玄中玄이니, 침묵하고 몽둥이를 휘두르며 고함을 치는 것 등이다. 또한 이를 체중현體中玄·용중현用中玄·의중현意中玄이라고도 한다.

三玄

師云。大凡擧唱宗乘。一句中須具三玄門。一玄中須具三要。有權有實。有
照有用。汝等作麼生會。
一體中玄。三世一念等。二句中玄。徑截言句等。三玄中玄。良久捧喝等。
亦名體中玄。用中玄。意中玄。

## 3) 삼요三要[9]

첫째는 대기가 원만히 응하는 것(大機圓應)이다. 둘째는 대용이 완전히 드러나는 것(大用全彰)이다. 셋째는 대기와 대용이 가지런히 행해지는 것(機用齊施)이다.

그 의미는 조용동시照用同時와 이름만 다를 뿐이다. 기機란 기계 장치(機關)이니, 하나의 동인(機)을 건드리면 백 개의 장치(關)가 함께 발동하는 것과 같다. 건드리지도 않고 발동하지도 않은 바로 그때를 대기大機라고 하는데, 원만히 응한다는 것이 그 뜻이기 때문에 이것은 대용大用의 기機이다. 건드려서 발동되었을 때에는 대용大用이라 하는데, 곧바로 끊는다는 것이 그 뜻이기 때문에 이것은 대기大機의 용用이다. 하나의 요要를 얻음에 따라 곧바로 삼현三玄과 3구句를 신속히 초월하게 된다. 이처럼 백장百丈[10]이 얻은 대기와 황벽黃蘗[11]이 얻은 대용은 마조馬祖의 일할一喝을 직접 계승하지 않음이 없어 혁혁하게 임제臨濟의 근본 종지가 되니, 이것이 그 증거이다.

---

9 삼요에 대한 아래의 설명과 청풍과 호월의 문답은 『선문강요집禪門綱要集』(H6, pp. 850~860)에서 인용하였다.

10 백장百丈(720~814) : 당나라 스님으로 법명은 회해懷海, 속성은 왕씨王氏며, 복주福州 장락현長樂縣 사람이다. 어려서 월주越州 대운사에서 출가했고, 6년 동안 마조馬祖를 섬기고 그의 인가印可를 받았다. 홍주洪州 신오계의 대응산에 주석하며 종풍을 선양하자 납자衲子들이 사방에서 모여들었고, 마침내 그 절을 백장산 대지성수선사大智聖壽禪寺라 하게 되었다. 당나라 원화 9년 1월 15일 95세를 일기로 입적하였으며, 821년 대지 선사大智禪師, 1108년 각조 선사覺照禪師, 1335년 홍종묘행 선사弘宗妙行禪師라는 시호가 내려졌다. 『백장청규百丈淸規』로 유명하다.

11 황벽黃蘗(?~850) : 법명은 희운希運이며, 생몰 연대는 부정확하다. 중국 스님으로 복주福州 민현閩縣 출신이다. 어려서 출가해 두루 경학을 익히다 백장 회해百丈懷海를 참학하고, 그의 법을 이었다. 848년 배상국裵相國의 청으로 완릉宛陵의 개원사에 주석하며 사방에서 모여드는 학인들을 제접하다가 850년에 황벽산에서 입적하였다. 입적한 해를 849년 혹은 855년이라 한 곳도 있다. 시호는 단제 선사斷際禪師이고, 저서로 『전법심요傳法心要』 1권과 『완릉록宛陵錄』이 전한다.

청풍이 말하였다.[12]

"구句는 언구言句의 '구'이니, 구는 차별을 표현하는 것이다. 현玄은 유현幽玄의 '현'이니, 현은 판단할 수 없는 것이다. 요要는 성요省要의 '요'이니, 요에는 많은 것이 없다. 현玄과 요要는 구句에 있고, 방편과 진실은 현玄에 있으며, 관조와 활용은 요要에 있어 각기 마땅한 바가 있으니 함부로 어지럽혀서는 안 된다."

호월(月)[13] 선객이 물었다.

"제1구는 무엇입니까?"

청풍이 말하였다.

"무릇 조사의 심인心印을 또한 모든 부처님의 법인法印이라고도 한다. 지금 삼요三要로써 문양을 삼았기 때문에 삼요의 도장(三要印)이라 칭하였는데, 그 실제는 곧 달마達磨께서 전하신 문양 없는 도장(無文印)이다. 혹 이 도장을 들어 허공에 찍고 뭉개더라도 끝내 조짐이나 자취가 없기에 그저 삼요라 부를 뿐이다."

호월이 물었다.

"조짐도 자취도 없는데, 왜 삼요라는 이름을 붙입니까?"

청풍이 한 차례 할을 하고 말하였다.

"어느 곳에 떨어졌는가?"

호월이 깜짝 놀라며 어리둥절해하자 청풍이 말하였다.

"문양이 없기만 하다면 어떻게 도장이라 하겠는가. 허공에 자취가 남지 않는다면 누가 도장을 받았다고 말하겠는가. 이름도 법수도 없는 가운데 삼요三要를 판별해야만 하니, 매우 자세히 살펴야만 하리라. 나의 이

---

12 이하 청풍과 호월의 문답은 『선문강요집禪門綱要集』(H6, pp. 850~860)에서 인용하였다.

13 호월(月) : 『선문강요집』에서 그 이름을 호월皓月이라 하였다. 이하 호월이라 칭하였다.

한 번의 할이 바로 관조이고, 활용이다. 이처럼 백장이 얻은 대기와…….¹⁴ 【앞에서 인용한 것과 같다.】 이런 근기가 들어가는 곳은 바로 위음왕불威音王佛¹⁵ 이전에 있으니, 비로자나¹⁶를 초월하여 대총지大摠持를 얻는다. 따라서 '제1구에 깨달으면 부처와 조사의 스승이 된다'라고 한 것이다."

호월이 물었다.

"제2구는 무엇입니까?"

청풍이 연이어 세 번 할을 하고 말하였다.

"몇 번 했는가?"

호월 선객이 말하였다.

"세 번입니다."

청풍이 말하였다.

"그런 것은 진실이 아니다. 방편이다. 이런 방편문에 나아가 삼현三玄이란 명칭을 수립한 것이다."

호월이 물었다.

"왜 삼현三玄이란 명칭을 붙였습니까?"

청풍이 말하였다.

"혹 삼요三要의 도장을 들어 곧장 물에 찍었을 때 완연하게 이루어지는 문채를 이름을 바꿔 삼현三玄이라 한다. 현玄은 여러 색깔을 섞은 괴색壞色이니, 청색과 백색을 섞은 것을 창蒼이라 하고, 창색蒼色과 검은색을 섞

---

14 생략된 부분을 보완하여 문장을 완성하면, "이처럼 백장이 얻은 대기와 황벽이 얻은 대용은 마조의 일할을 직접 계승하지 않음이 없어 혁혁하게 임제의 근본 종지가 되니, 이것이 그 증거이다."가 된다.
15 위음왕불威音王佛 : Ⓢ Bhīmagarjitasvara-rāja.『법화경』「상불경보살품」에 등장하는 부처님이다. 공겁空劫에 최초로 성불한 부처님으로서 아득한 옛날, 또는 시초란 뜻으로 쓰인다. 종문宗門에서는 본분향상本分向上 실제이지實際理地를 뜻하는 말로 자주 사용된다.
16 비로자나(毘盧) : Ⓢ vairocana. 법신法身을 상징하는 말로 사용된다.

은 것을 현玄이라 한다. 세 가지[17]가 뒤섞이면 볼 수는 있어도 변화시킬 수는 없는 것에 비유한 것이다. 즉 그 방편이 바로 그 진실을 밝히는 것이다. 이것을 판별해 이치로서의 성품이 끝이 없고 현상으로서의 모습이 밖에 없음을 보게 되면 바른 지각(正知覺)을 갖추게 된다. 이것이 이른바 '제2구에서 깨달으면 인간과 천신들의 스승이 된다'라는 것이다."

호월이 물었다.

"제3구는 무엇입니까?"

청풍이 말하였다.

"지금 나와 그대가 말하고 들으며 묻고 답하는 것이 일찍감치 제3구에 떨어진 것이다. 마치 삼요의 도장을 질펀한 진흙에 찍으면 자국과 선이 온전히 드러나는 것과 같다. 이를 이름을 바꿔 3구句라고 하니, 현玄과 요要도 그 가운데 있다."

호월이 물었다.

"제3구에서 다시 3구를 말씀하시는 것은 무슨 이유입니까?"

청풍이 말하였다.

"여기에 이르러 교화의 문을 하나 세우고는 번잡하게 법문을 설하며 거꾸로 사용하고 멋대로 거론하는 것이다. 이는 원오圓悟 스님께서, '작가作家란 삼요의 도장을 지니고 허공에 찍고 물에 찍고 진흙에 찍어 사람을 시험하는 자다'라고 한 것과 같으니, 이는 스승 입장에서 하신 말씀이다. 대혜大慧 스님께서 '상사上士가 도를 듣는 것은 도장을 허공에 찍는 것과 같다【중사中士와 하사下士는 이에 준하여 알라.】'라고 한 것은, 손님 입장에서 하신 말씀이다. 이 두 가지 모두 이 구절[18] 가운데 일이니, 절대 잘못 알지 말라.

---

17 세 가지 : 청색·백색·흑색을 말한다.
18 이 구절 : '제3구'를 말한다.

혹 다른 사람의 말이나 구절에 막혀 다른 사람의 빛과 그림자를 인지한다면, 자신도 오히려 구제할 수 없다. 이것이 이른바 '제3구에서 깨달으면 자신도 구제할 수 없다'라는 것이다."

## 三要

一大機圓應。二大用全彰。三機用齊施。

意與照用同時。特名異耳。機者。機關也。如云觸一機。而百關俱發。正當不觸不發之時。謂之大機。以圓應爲義。是大用之機。旣觸旣發之時。謂之大用。以直截爲義。是大機之用。隨得一要。便速超三玄。越三句。如百丈得大機。黃蘗得大用。莫不親承馬祖一喝。赫然爲臨濟本宗。此其證也。

風曰。句言句之句。句詮差別。玄幽玄之玄。玄不可辨。要省要之要。要不在多。玄要在句。權實在玄。照用在要。各有攸當。不應莽鹵。

月禪客問。第一句如何。

風曰。夫祖師心印。亦名諸佛法印。今以三要爲文。故稱三要印。其實則達麼所傳無文印字也。或提此印。向虛空裡搭破。了無朕迹。直名三要。

月問。朕迹旣無。何名三要。

風喝一喝云。落在甚處。

月矍然。風曰。若但無文。何名爲印。空若無迹。孰云受搭。無名數中。當辨三要。大須審細。我此一喝。是照也。是用也。如百丈得大機云云【如前所引】。此機所入。直在威音已前。毘盧向上。得大揔持。故云第一句薦得與佛祖爲師。

月問。第二句如何。

風連三喝云。是幾耶。

月云。三也。

風曰。然則非實也。權也。就此權門。立三玄名。

月問。何名三玄。

風曰。或提三要印。直向水上搭却。宛成文彩。轉名三玄。玄雜壞色。青白爲蒼。蒼黑爲玄。三者混然可見。而不可變之之比也。即其權。正明其實。於此辨得見。理性無邊。事相無外。具正知覺。此所謂第二句薦得與人天爲師。

月問。第三句如何。

風曰。即今吾與子說聽問答。早落第三句了。如將三要印。向爛泥裡搭却。痕縫全彰。轉名三句。玄要在其中矣。

月問。第三句中。復云三句者何以。

風曰。至此建化一門。旁施午說。倒用橫拈。如圓悟云。作家漢。將三要印。印空印水印泥。以驗人者。在師家邊云也。大慧云。上士聞道。如印印空【中下例知】。就賓家邊云耳。比皆此句中事。切莫錯會。或若滯他言句。認他光影。尙不能自救。是所謂第三句薦得自救不了。

### 4) 사료간四料揀[19] 【하下·중中·상上·출격出格 네 종류 근기의 사람을 상대한다.】

사람은 빼앗고 경계는 빼앗지 않는 것(奪人不奪境), 경계는 빼앗고 사람은 빼앗지 않는 것(奪境不奪人), 사람과 경계 둘 다 빼앗는 것(人境兩俱奪), 사람과 경계 모두 빼앗지 않는 것(人境俱不奪)이다.

극부克符 상좌가 물었다.[20]

"무엇이 사람은 빼앗고 경계는 빼앗지 않는 것입니까?"

임제 스님께서 말씀하셨다.

---

19 사료간四料揀에 관한 아래 설명은 『인천안목人天眼目』 권1 「사료간四料揀」(T48, 300b)에서 발췌하여 인용하였다.

20 『임제록』에는 어떤 스님과의 문답으로만 기록되어 있다. 『경덕전등록』 권12(T51, 295c)에 탁주涿州 지의 화상紙衣和尙 극부克符와의 문답으로 기록된 이후 극부 화상과의 문답으로 전해지고 있다.

"따뜻한 햇살이 생령을 소생시키니 대지가 금빛으로 뒤덮이고, 어린아이 늘어뜨린 머리카락이 실처럼 하얗구나."

대혜大慧가 말하였다.

"한 구절은 경계를 남겨 둔 것이고, 한 구절은 사람을 빼앗은 것이다."

경계는 빼앗고 사람은 빼앗지 않는 것에 대해 임제 스님께서 말씀하셨다.

"왕의 명령이 이미 온 천하에 시행되니, 장군은 변방에서 전쟁을 멈춘다."

대혜가 말하였다.

"앞 구절은 경계를 빼앗은 것이고, 뒷구절은 사람을 남겨 둔 것이다."

사람과 경계 둘 다 빼앗는 것에 대해 임제 스님께서 말씀하셨다.

"병주幷와 분주汾가 교신마저 끊긴 채 홀로 한 지방을 차지한다."

대혜가 말하였다.

"사람과 경계가 있기만 하면 그 면목을 모두 빼앗아 버린다. '병幷'과 '분汾'은 병주幷州와 분주汾州 두 지명이다."

사람과 경계 모두 빼앗지 않는 것에 대해 임제 스님께서 말씀하셨다.

"임금은 보배 궁전에 오르고, 시골 노인은 태평가를 부른다."【뒤의 세 가지 요간料揀에서도 상좌의 질문은 생략하였다.】

대혜가 말하였다.

"이것은 사람과 경계 모두 빼앗지 않는 것이다."

남원南院[21]이 풍혈風穴[22]에게 물었다.

---

21  남원南院(860~930) : 중국 스님으로 법명은 혜옹慧顒, 흥화 존장興化存奬의 법을 이어 여주汝州 보응원普應院에서 임제의 종풍을 널리 선양하였다.
22  풍혈風穴(896~973) : 중국 스님으로 법명은 연소延沼. 천태의 교학을 수학한 뒤 경청 도부鏡淸道怤 등에게 참학하고 남원 혜옹의 법을 이었다. 후에 여주汝州 풍혈사風穴寺에서 개당하여 임제의 종풍을 널리 선양하였다.

"사료간四料揀은 어떤 법을 헤아려 가려내는 것이냐?"

풍혈이 말하였다.

"모든 언설에 막힘이 없지만 모든 식정(망정)이 곧 성스럽다는 견해에 떨어지는 것이 수행자들의 큰 병입니다. 선대 성인께서 이를 불쌍히 여겨 방편을 시설하셨으니, 마치 쐐기로 쐐기를 뽑는 것과 같습니다."

**四料揀**【待下中上出格四種根人】

奪人不奪境。奪境不奪人。人境兩俱奪。人境俱不奪。

克符上座問。如何是奪人不奪境。

師云。煦日發生鋪地金。嬰兒垂髮白如絲。

大慧云。一句存境。一句奪人。

奪境不奪人。師云。王令已行天下遍。將軍塞外絶煙塵。

慧云。上句奪境。下句奪人。[1)]

人境兩俱奪。師云。幷汾絶信。獨處一方。

慧云。便有人境。俱奪面目。幷汾。幷州汾州二名也。

人境俱不奪。師云。王登寶殿。野老謳歌。【後三料揀。亦除上座問也。】

慧云。此人境俱不奪。

南院問風穴。四料揀。料揀何法。

穴云。凡語不滯。凡情卽墮聖解。學者大病。先聖悲之。爲設方便。如楔出楔。

---

1) ㉠ '下句奪人'이 『인천안목』(T48, 300b)에는 '下句存人'으로 되어 있다. 문맥으로 보아 '下句存人'이라야 옳다. '奪'을 '存'으로 수정하여 번역하였다. 인용하는 과정에서 발생한 오류로 짐작된다.

## 5) 사빈주四賓主[23]

손님 가운데 손님(賓中賓), 학인에게 콧구멍(鼻孔)[24]이 없으면서 질문도 하고 대답도 하는 것이다.
분양汾陽[25]이 말하였다.
"종일토록 붉은 먼지를 날리면서 자기 집 보배는 모른다."

손님 가운데 주인(賓中主), 학인에게 콧구멍이 있어 주인도 있고 법도 있는 것이다.
분양이 말하였다.
"옷 속의 보배를 알아차리면 단정히 앉아 구분할 줄 안다."

주인 가운데 손님(主中賓), 스승에게 콧구멍이 없어 질문만 하는 것이다.
분양이 말하였다.
"쇠갈고리를 사해에 던져도 달빛은 등불의 밝음을 이어간다."

주인 가운데 주인(主中主), 스승에게 콧구멍이 있어 기특함을 방해하지 않는 것이다.
분양이 말하였다.
"해와 달이 높이 떠 온 우주를 비추니, 웅장한 음성 크게 떨쳐 초나라

---

23 사빈주四賓主에 관한 아래 설명은 『선가귀감』「사빈주」(X63, 744c)에서 인용하였고, 이에 대한 분양의 해설은 『인천안목』 권1 「빈주문답賓主問答」(T48, 303b)에서 인용하였다.
24 콧구멍(鼻孔) : 선종에서 본래의 면목을 상징하는 말로 사용한다.
25 분양汾陽(947~102) : 중국 스님으로 법명은 선소善昭. 태원太原 출신으로 수산 성념 首山省念 회하에서 대오하고, 분양의 태자원太子院에 주석하면서 임제의 종풍을 선양하였다. 시호는 무덕 선사無德禪師.

노래를 부른다."

**四賓主**

賓中賓。學人無鼻孔。有問有答。汾陽云。終日走紅塵。不識自家珍。

賓中主。學人有鼻孔。有主有法。汾陽云。識得衣中寶。端坐能區分。

主中賓。師家無鼻孔。有問在。汾陽云。金鉤拋四海。玉燭續燈明

主中主。師家有鼻孔。不妨奇特。汾陽云。高提日月光寶宇。大闡洪音唱楚歌。

**6) 사조용**四照用【'조照'는 안을 관조해 통달하는 것이고, '용用'은 활용이 밖으로 드러나는 것이다.[26] 봉화가 급하게 타오르는 것은 성안의 일이고, 오랑캐가 흥융하는 것은 변방의 일인 것과 같다.】

먼저 관조하고 뒤에 활용하는 것(先照後用)은 사람(人)이 있는 것이다.

먼저 활용하고 뒤에 관조하는 것(先用後照)은 법法이 있는 것이다.

관조와 활용이 동시인 것(照用同時)은 밭 가는 소를 몰고가 버리고 굶주린 자의 밥을 빼앗는 것이다.

관조와 활용이 동시가 아닌 것(照用不同時)은 질문도 있고 대답도 있는 것이다.[27]

낭야琅琊[28]가 말하였다.[29]

---

26 관조(照)하는 것은 스승이 제자의 능력을 점검한다는 의미이고, 활용(用)하는 것은 스승이 제자에게 부여하는 임무를 말한다.
27 이상 사조용四照用에 관한 설명은 『선가귀감』「사조용」((X63, 745a)에서 인용하였다.
28 낭야琅琊 : 송나라 때 스님으로 생몰 연대는 정확치 않다. 분양 선소의 법을 이어 저주滁州 낭야산琅琊山에서 임제의 종풍을 선양하였다. 당시 운문종의 설두 중현雪竇重顯과 더불어 2대 감로문甘露門으로 칭송되었다. 시호는 광조 선사廣照禪師.
29 이하 낭야의 해설은 『인천안목』 권1 「조용문답照用問答」(T48, 304b)에서 인용하였다.

"먼저 관조하고 뒤에 활용하는 것은 사자가 발톱과 이빨을 드러내는 것이고, 먼저 활용하고 뒤에 관조하는 것은 거침없는 코끼리왕의 위엄과 용맹이며, 관조와 활용이 동시인 것은 물 만난 용이 비를 뿌리면서 구름을 타고 오르는 것과 같고, 관조와 활용이 동시가 아닌 것은 어린아이를 칭찬하고 갓난아이를 쓰다듬는 것이다.

여러분, 이것이 고인께서 건립하신 법문인데 이와 같이 합했는가, 이와 같이 합하지 못했는가. 만약 이와 같이 합한다면 기신紀信[30]이 아홉 마리 용이 끄는 수레에 오르는 격이며, 이와 같이 합하지 못한다면 항우項羽가 천 리를 달리는 오추마烏騅馬를 잃은 격이다. 어디 이 낭야琅琊를 위해 기염을 토할 자 있는가? 없다면 이 산승이 스스로 말해 보리라."

주장자를 치고 자리에서 내려오셨다.

**四照用**【照照通於內。用用現於外。如烽火耿急城中興戎塞上。】
先照後用有人在。先用後照有法在。照用同時。驅耕奪食。照用不同。[1] 有問有答。
琅琊云。先照後用。露獅子之爪牙。先用後照。縱象王之威猛。照用同時。如龍得水。致雨騰雲。照用不同時。提獎嬰兒。撫憐赤子。諸仁者。此是古人建立法門。爲合如是。不合如是。若合如是。紀信乘九龍之輦。不合如是。項羽。失千里之騅。還有爲琅琊出氣底麼。如無。山僧自道去也。卓柱杖下座。

1) ㉑『선가귀감』에는 '同' 다음에 '時'가 있다.

---

**30** 기신紀信 : 한고조 유방이 항우에게 포위되어 사세가 위태로웠을 때 한고조를 가장하여 직접 왕의 수레에 올라 항우에게 항복하고, 유방은 여장을 시켜 탈출시켰던 장군이다.

## 7) 사대식四大式[31] 【이 네 가지 큰 법식은 삼현三玄을 벗어나지 않는다.】

최고의 이익(正利)은 소림少林에서처럼 면벽面壁하는 부류다.
평상平常은 화산禾山[32]처럼 북을 두드리는 부류다.
본분本分은 산승山僧처럼 이해하지 못하는 부류다.
가짜를 바치는 것(貢假)은 달마達摩처럼 모른다고 하는 부류다.[33]

四大式【此四大式。不出三玄。】
正利少林面壁類。平常禾山打皷類。
本分山僧不會類。貢假達摩不識類。

## 8) 사할四喝

금강왕보검과 같은 할은 한 칼에 일체 망정과 알음알이를 자르는 것이다. 체할體喝이고, 주인이 사용하는 것이다.

웅크린 사자와 같은 할은 말을 꺼내 기염을 토하면 온갖 마귀들의 뇌가 찢어지는 것이다. 용할用喝이고, 손님이 사용하는 것이다.

탐색하는 간짓대나, 물고기를 유인하는 풀 같은 할은 스승에게서 계승한 콧구멍이 있는지 없는지를 탐색하는 것이다. 손님과 주인이 함께 사용

---

31 사대식四大式에 관한 아래의 설명은 『선가귀감』(X63, 745a)에서 인용하였다.
32 화산禾山 : 길주吉州 화산 무은禾山無殷 선사를 가리킨다. 어느 날 무은 선사가 "익히고 배우는 것을 문聞이라 하고, 배움을 그친 것을 인隣이라 하며, 이 두 가지를 넘어선 것을 진眞이라 한다."라고 법문하였다. 어떤 스님이 "무엇이 진입니까?" 하고 묻자, 스님께서는 "북을 칠 줄 아는 것이다."라고 대답하였고, 연이은 다른 질문에도 계속해서 북을 칠 줄 아는 것이라고만 답하였다.
33 달마는 양 무제와의 문답에서 서로 계합하지 못하자, "짐을 대하고 있는 그대는 누구요?"라는 질문에, "모르겠습니다(不識)."라고 답하여, 더 이상의 문답을 허락하지 않았다.

한다.

하나의 할이 하나의 할로만 작용하는 것이 아니라는 것은 위의 삼현三玄과 사빈주四賓主 등을 모두 갖추는 것이다. 곧장 한계가 없음을 얻는다.

#### 四喝

金剛王寶劒。一刀揮斷。一切情解。體喝。主家用。

踞地獅子。發言吐氣。衆魔腦裂。用喝。賓家用。

探竿影草。探其有無。師承鼻孔。賓主俱用也。

一喝不作一喝用。具上三玄四賓主等。直得無限。

### 9) 팔방八棒[34]【주석이『인천안목』에 있으니 검토해서 읽어 보라.[35]】

명령을 위반하고 현지를 거스를 때 때리는 방(觸令返玄).[36]

---

[34] 팔방八棒 : 팔방에서 '棒'의 음가를 '봉'이라 하지 않고, 관습에 따라 '방'이라 하였다. '방棒'은 몽둥이로 때리는 것이다.

[35] 『인천안목』에 주석이 있다고 하였으나 찾을 수 없다. 여덟 가지 방(八棒)에 대해 설명한 전적이 여럿 있으나 내용에 약간씩 차이가 있다. 『선가귀감禪家龜鑑』(X63, 745a)에서는 "觸令返玄。接掃正正。靠玄復正。苦責罰棒。順宗旨賞棒。有虛實辨棒。盲枷瞎棒。掃除凡聖正棒。"을 팔방이라 하였다. 『종문현감도宗門玄鑑圖』(X63, 748b)에서는 "觸令支玄棒。接機從正棒。辯機提正棒。靠玄傷正棒。印順宗乘棒。盲枷瞎煉棒。考驗虛實棒。掃除凡聖棒。"을 팔방이라 소개하고, 비교적 자세하게 설명하였다. 『오가종지찬요五家宗旨纂要』권상(X65, 260b)에서는 팔방을 "觸令支玄棒。接機從正棒。靠玄傷正棒。印順宗旨棒。取驗虛實棒。盲枷瞎棒。苦責愚癡棒。掃除凡聖棒。"으로 소개하고, 삼산 등래三山登來 선사의 설명을 첨부하였다. 여기에 소개된 팔방은 『선가귀감』의 것과 가장 유사하다.

[36] 명령을 위반하고~때리는 방(觸令返玄) : 『종문현감도宗門玄鑑圖』에서는 이를 '촉령지현방觸令支玄棒'이라 하고, 다음과 같이 설명하였다. "덕산德山이 법상에 올라, '오늘은 화두에 답하지 않겠다. 화두를 묻는 자에게 30방을 때리겠다'라고 하였다. 이때 어떤 스님이 나와서 예배하자, 덕산이 바로 때렸던 것이 이것이다." 『오가종지찬요五家宗旨纂要』에서도 이를 '촉령지현방觸令支玄棒'이라 하고, 다음과 같이 설명하였다. "삼산 등래三山登來가 말하였다. '종사가 한 번 명령을 내렸는데도 학인이 회피할 줄 모

근기를 맞이하여 망정을 쓸어 없애고자 바른 이치에 따라 때리는 방(接掃從正).[37]

현묘함에 묶여 바른 이치를 손상할 때 때리는 방(靠玄傷正).[38]

종지에 순응할 때 때리는 방(順宗旨).[39]

허와 실을 점검하려고 때리는 방(有虛實).[40]

---

르고, 정면으로 위반해 현묘한 뜻을 지지부진하게 하면 종사가 바로 때린다. 이것은 벌로 때리는 것이다.'"

[37] 근기를 맞이하여~때리는 방(接掃從正) : 『종문현감도』에서는 이를 '접기종정방接機從正棒'이라 하고, 다음과 같이 설명하였다. "다음과 같은 경우이다. 그 스님이 몽둥이로 맞고, '제가 미처 묻지도 않았는데 왜 때리십니까?'라고 하자, 덕산이 말하였다. '너는 어디 사람이냐?' 그 스님이 신라 사람이라고 대답하자, 덕산이 '뱃머리에 오르기 전에 너를 30방 때렸으면 좋았을 텐데'라고 하였다." 『오가종지찬요』에서도 이를 '접기종정방接機從正棒'이라 하고, 다음과 같이 설명하였다. "삼산 래가 말하였다. '종사가 학인을 맞이하여 그의 근기에 순응해 때릴 만해서 때리는 것이다. 이를 바른 이치에 따르는 것이라 하니, 이것은 상이나 벌을 주는 부류에 해당하지 않는다.'"

[38] 현묘함에 묶여~때리는 방(靠玄傷正) : 『종문현감도』에서는 이를 다음과 같이 설명하였다. "대선 불大禪佛이 앙산仰山에 이르러 발꿈치를 들고 말하였다. '서천의 28조 역시 이렇고, 중국의 6조 역시 이렇고, 화상 역시 이렇고, 저 역시 이렇습니다.' 그러자 앙산이 네 방 때렸던 것이 이것이다." 『오가종지찬요』에서는 이를 다음과 같이 설명하였다. "삼산 등래가 말하였다. '학인이 찾아와 뵈면 종사는 기이하고 특별한 솜씨를 부리려고 오로지 힘쓴다. 이럴 때 학인이 현묘함에 묶여 도리어 바른 이치를 손상시키면 종사는 그 자리에서 바로 때리지 그냥 넘기지 않는다. 이것 역시 벌로 때리는 것이다.'"

[39] 종지에 순응할~때리는 방(順宗旨) : 『종문현감도』에서는 이를 '인순종승방印順宗乘棒'이라 하고, 다음과 같이 설명하였다. "선주禪主와 학인이 문답하다가 학인이 큰 깨달음에 깊이 계합함이 있으면, 선주가 바로 때렸던 것이 이것이다." 『오가종지찬요』에서는 이를 '인순종지방印順宗旨棒'이라 하고, 다음과 같이 설명하였다. "삼산 래가 말하였다. '학인과 만나면 종사가 종지를 들어 보인다. 이럴 때 그가 능히 깨달아 상응하는 대답을 하면 종사가 바로 때린다. 이것은 찾아온 근기를 인증하는 것이다. 이를 상으로 때리는 것이라 한다.'"

[40] 허와 실을~때리는 방(有虛實) : 『종문현감도』에서는 이를 '고험허실방考驗虛實棒'이라 하고, 다음과 같이 설명하였다. "선주의 반문에 학인의 대답이 극칙의 경지에 도달할 경우 선주가 바로 때렸던 것이 이것이다." 『오가종지찬요』에서는 이를 '취험허실방取驗虛實棒'이라 하고, 다음과 같이 설명하였다. "삼산 래가 말하였다. '학인이 오자마자 종사가 바로 때리고, 혹 말을 꺼내도 종사가 역시 때리는 경우이다. 이것은 바로 학인의 허실을 시험해 판가름하고, 그에게 안목이 있는지 안목이 없는지를 살피는 것

봉사나 애꾸의 도리깨질 같은 방(盲枷瞎).⁴¹

따끔하게 나무라는 방(苦責).⁴²

범부와 성인을 쓸어 없애는 방(掃除凡聖).⁴³


八捧¹⁾【註在眼目。檢而說之。】

觸令返玄。

接掃從正。

靠玄傷正。

---

이다. 이것 역시 상이나 벌을 주는 부류에 해당하지 않는다.'"

41 봉사나 애꾸의~같은 방(盲枷瞎) : 『종문현감도』에서는 이를 '맹가할련방盲枷瞎煉棒'이라 하고, 다음과 같이 설명하였다. "장로가 몽둥이를 쓸 때 학인이 '몽둥이를 꺼내시오, 몽둥이를 꺼내'라고 말하면, 선주가 더는 대응하지 못했던 것이 이것이다." 『오가종지찬요』에서는 이를 '맹가할방盲枷瞎棒'이라 하고, 다음과 같이 설명하였다. "삼산 래가 말하였다. '종사가 학인을 맞이하여 학인의 근기를 판단하지도 않고 무조건 때리고 보는 경우이니, 스승의 눈에 구슬이 없는 것이다. 이를 봉사나 애꾸(盲瞎)라 한다. 이것은 스승의 허물이지 학인의 일과는 상관없는 것이다.'"

42 따끔하게 나무라는 방(苦責) : 『종문현감도』에서는 이를 '고책우치방苦責愚痴棒'이라 하고, 다음과 같이 설명하였다. "학인이 찾아와 참례하면 장로가 갖가지 방편으로 가르침을 열어 보인다. 이때 학인이 어느 하나도 깨닫지 못하면, 장로가 바로 때렸던 것이 이것이다." 『오가종지찬요』에서도 이를 '고책우치방苦責愚痴棒'이라 하고, 다음과 같이 설명하였다. "삼산 래가 말하였다. '학인이 이 일에 대해 조금도 깨달은 적이 없고, 그 자질과 견지가 완전히 어리석어 지도편달을 감당하지 못하면, 종사가 억지로 다그치면서 때리는 경우이다. 이것을 어리석음을 따끔하게 나무라는 것이라 한다. 이것 역시 상이나 벌을 주는 부류에 해당하지 않는다.'"

43 범부와 성인을~없애는 방(掃除凡聖) : 『종문현감도』에서도 이를 '소제범성방掃除凡聖棒'이라 하고, 다음과 같이 설명하였다. "말해도 때리고, 말하지 못해도 때렸던 경우이다. 이 방법이 바로 바른 방(正棒)이다." 『오가종지찬요』에서도 이를 '소제범성방掃除凡聖棒'이라 하고, 다음과 같이 설명하였다. "삼산 래가 말하였다. '종사가 왕래하는 이들을 접대하면서 청렴과 섬세함에 떨어지지 않고 어림짐작도 용납하지 않은 채, 저 범부의 망정과 성인의 견해를 한꺼번에 모두 쓸어 없애고자 말해도 때리고, 말하지 못해도 때린 것이다. 그리하여 학인으로 하여금 단박에 생명의 근원을 끊어 가지와 잎이 남아나지 않게 하였으니, 이것이 학인을 높이 또 높이 끌어올리는 것이다. 여덟 가지 방 가운데 이렇게 몽둥이를 쓸 수 있다면 가장 오묘한 것이다. 이것을 곧 바른 방(正棒)이라 한다.'"

順宗旨。

有虛實。

盲枴瞎。

苦責。

掃除凡聖。

---

1) ㉮ '捧'은 '棒'인 듯하다.

이상 3구와 삼현三玄 내지 팔방八棒 등의 법은 비단 임제의 종풍인 것만은 아니다. 위로 모든 부처님으로부터 아래로 중생에 이르기까지 모두에게 있는 일이다. 만약 이를 벗어나 법을 설한다면 모조리 거짓말이다.

上三句三玄。乃至八捧等法。非特臨濟風。上自諸佛。下至衆生。皆分上事。若離此說法。皆是妄語。

## 2. 운문종雲門宗【절단截斷을 밝히다.】

칼날에 길이 있지 철벽에는 문이 없다.

승리의 깃발[44]을 높이 휘날리며 갈등을 잘라 버리니, 평범한 감정과 견해로는 번개처럼 신속해도 미치지 못하는데, 헤아림이 불꽃처럼 맹렬한들 어찌 어정거림을 용납하랴.

운문종을 알고 싶은가?

주장자柱杖子가 펄쩍 뛰어 하늘로 올라가고, 찻잔 속에서 모든 부처님 법을 시설한다.[45]

**雲門宗【明截斷】**

劒鋒有路。鐵壁無門。掀翻露布。葛藤剪却。常情見解。迅電不及。思量烈焰。寧容湊泊。要識雲門宗麽。柱杖子踍跳上天。盞子裡諸佛設[1)]法。

1) ㈜ '設'이 『선가귀감』에는 '說'로 되어 있다.

---

44 승리의 깃발(露布) : 노포露布는 전승戰勝을 알리려고 천에다 글씨를 써 장대에 높이 걸었던 것이다.
45 운문종에 관한 이상의 설명은 『선가귀감』 「운문가풍雲門家風」(X63, 774b)에서 인용하였다.

## 1) 3구句

운문 스님[46]이 대중에게 말씀하셨다.

"하늘 한가운데(天中) 함과 뚜껑 같은 건과 곤이며(函盖乾坤), 눈에 나타난 기機로써 수와 냥을 짐작하고(目機銖兩), 봄이라는 인연에 의지하지 않는다(不涉春緣).[47] 이 한 구절(一句)을 어떻게 말해야 할까?"

대중이 말이 없자 스스로 대신 말씀하셨다.

"한 발의 화살로 세 관문을 부수어 버린다."

뒤에 덕산德山의 원명 밀圓明密[48] 선사가 드디어 그 말씀을 분석해 3구를 말씀하셨으니, 첫째는 함개건곤函盖乾坤이고, 둘째는 절단중류截斷衆流이고, 셋째는 수파축랑隨波逐浪이다.

三句

師示衆云。天中函盖乾坤。目機銖兩。不涉春1)緣。一句作麼生道。衆無語。自代云。一鏃破三關。

後來德山圓明密禪師。遂離其語。爲三句曰。一函盖乾坤。二截斷衆流。三隨波逐浪。

---

1) ㉠ 이 대목이 '春'으로 되어 있는 기록도 많으나, 『인천안목』(T48, 312a) 등에는 '萬'으로 되어 있다.

---

46 스님 : 원문은 '師'로서 정확히 누구를 지칭하는지 불명확하다. 이해를 돕기 위해 인명을 첨가하여 번역하였다. 아래에서도 마찬가지이다. 운문雲門(864~949)은 중국 스님으로 고소姑蘇 가흥嘉興 출신이며, 법명은 문언文偃이다. 처음 목주睦州의 도명道明 선사를 참례하였고, 뒤에 설봉 의존雪峰義存에게서 크게 깨닫고 법을 이었다. 이후 소주韶州 운문산 광태원光泰院에 주석하며 일가一家를 이루었다.

47 봄이라는 인연에 의지하지 않는다(不涉春緣) : 『인천안목』(T48, 312a)에는 '不涉萬緣'으로 되어 있다. 이 경우 이 대목은 '온갖 반연에 걸림이 없다'로 해석된다.

48 원명 밀圓明密 : 법명은 연밀緣密, 생몰 연대는 정확치 않다. 운문 문언의 법을 이어 덕산德山에 주석하면서 종풍을 널리 선양하였다. 시호는 원명 대사圓明大師.

청산 수靑山叟가 이를 해설하였다.

"혼연히 무위無爲이면서 지나치거나 모자람이 없는 것을 '천중天中'이라 하니, 곧 태극太極의 원기元氣이다. 여기에서 하늘과 땅으로 갈라지고 나뉜 것이다. 가볍고 맑은 양기는 하늘이 되어 가장 높고 위가 없으니, 이것이 건乾이고, 뚜껑(盖)과 같다. 무겁고 탁한 음기는 땅이 되어 만물이 그 위에 늘어섰으니, 이것이 곤坤이고, 마치 함函과 같다.

두 개의 재材로 나뉘고 나면 곧 인재人材가 있게 되어 만물 가운데 가장 신령스러운 존재가 된다. 이른바 '눈에 나타난 기로써 수와 냥을 짐작한다'라는 것이 바로 인재가 하는 행위이고, 가장 신령스럽다는 증거이다. 『음부경陰符經』에서 '마음은 물질에서 생기고 기機는 눈에 있다'라고 하였고, 그 주석에서 '천하의 기機에 마음과 눈보다 가까운 것은 없다. 마음이 발동하면 기機가 눈에 나타난다'라고 하였다. 즉 '목기目機'란 바로 눈에 나타나는 기機이고, '수銖와 냥兩'은 경중輕重을 비유한 것이다. 이는 눈에 나타난 기가 사물에 응하는 것이, 마치 저울이 사물의 중량을 재는 것과 같다는 것을 말하니, 가볍다고 하고 무겁다고 하는 것이 각기 그 작용에 따른 것이다.

인재人材가 있고 나면 곧 사시四時의 운행이 있어 만물이 흥성하게 된다. 봄은 사계절의 첫머리에서 만물을 성립시키니, 만물이 곧 연緣이다. 이 삼재와 사시는 모두 태극의 원기를 받아 만물을 함양하고 훈습하며 도야하는 은혜로운 힘들이다. '한 발의 화살(一鏃)'이란 투과할 수 있다는 뜻이고, '부수어 버린다(破)'란 투과한다는 뜻이며, '관문(關)'이란 투과하기 어렵다는 뜻이다.

그렇다면 '하늘 한가운데'가 1구句이고, '함과 뚜껑 같은 건과 곤'은 체體와 용用이며, '눈에 나타난 기機로써 수와 냥을 짐작한다'는 용用이고, '봄이라는 인연에 의지하지 않는다'는 체體이다. '한 발의 화살' 역시 1구이니, 처음과 나중이란 것이 다를 뿐이다. 세 개의 관문(三關)은 곧 앞에서 나열한 3구이다. 이것이 운문雲門이 비유로 설한 말씀의 대략이다.

　시험삼아 논해 보겠다. '하늘 한가운데'라는 1구를 말미암아 3구를 분별했다면 3구 전체가 바로 1구이다. 이미 1구이므로 낱낱의 구가 모든 상대를 끊어 결국엔 얻을 수 있는 1구마저도 없다. 하나도 오히려 얻을 수 없는데 어디에서 허다한 것들을 얻을 수 있겠는가. 학자가 저 3구라는 규범의 진창에 빠져 투과하고 싶어도 꿰뚫지를 못한다면, 곧 도리어 운문이 사람을 기만한 것이 될 것이니, 그가 이를 관문이라 일컬은 것이 또한 당연하지 않겠는가. 만약 영리한 자라면 거론한 것을 듣자마자 그 자리에서 꿰뚫고는 털고 일어나 곧장 떠났을 것이니, '한 발의 화살로 세 관문을 부수어 버린다'라는 그런 말을 운문이 무엇 하러 했겠는가? 당시의 대중이 그럴 수 없었기 때문에 운문이 그렇게 말한 것이니, 이는 어느 정도 자비를 베푼 것이다. 혹 '한 발의 화살'이란 말에 집착해 곧장 그 속에서 살 궁리를 한다면, 3구라는 규범의 진창에 빠진 것과 더불어 옳다 할 것이 하나도 없다. 이것은 이른바 쐐기로 쐐기를 빼는 것이니, 앞의 쐐기가 빠지더라도 뒤의 쐐기가 다시 박히게 된다.

　그렇다면 말이나 계승하다 구절에 막히는 짓을 하지 않고, 운문의 골수骨髓를 꿰뚫어 볼 수 있는 자는 거의 희박하니, 적자嫡子와 진손眞孫이 아니면 안 된다. 운문이 비록 이런 말씀을 했지만 3구의 명칭을 세운 적은 없으니, 그의 적자 원명 밀圓明密이 처음으로 3구의 명칭을 세운 것이다. 덕산을 계승한 보안 도普安道[49] 선사가 3구의 말씀을 따라 게송을 붙였고, 또 따로 1구를 배치해 다음과 같이 송하였다.

　　그분이 이렇게 크게 노래했지만

---

**49** 보안 도普安道 : 선문의 여러 전적에 게송이 전해지나 전기는 자세하지 않다. 『천성광등록天聖廣燈錄』에 "정주鼎州 덕산德山 원명 밀圓明密 선사의 법사法嗣 정주鼎州 보안산普安山 도道 선사"라는 문구만 보일 뿐이다.

3구를 어찌 포괄할 수 있으리오.
어떤 일이냐고 누가 묻는다면
남악과 천태라 하리라."

靑山叟解云。渾然無爲。而無過不及之謂天中。卽太極元氣也。於是天地剖判焉。輕淸陽爲天。至高而無上。是乾也。若盖。重濁陰爲地。萬物所陳列。是坤也。如凾。二材旣剖卽有人材。而爲萬物之最靈。所謂目機銖兩。乃人材之所爲。最靈之效也。陰符經云。心生於物。機在於目。註云。天下之機。莫近乎心目。心旣發矣。機現乎目。則目機乃目所見機。銖兩猶輕重。言目機之應於事。猶權衡之量於物。或輕或重。各隨其用也。旣有人材。而卽有四時行。而萬物興焉。春居四時之首。而生成萬物。萬物卽緣也。此三材四時。皆禀太極元氣。涵養熏陶之恩力也。一鏃。能透義。破則透也。關者。難透義也。然則天中者。一句也。凾盖乾坤者。體用也。目機銖兩。用也。不涉春緣。體也。一鏃亦一句也。特初後不同爾。三關卽前所列底三句也。此雲門取比之大略也。

嘗試論之。曰夫由天中一句。分別三句。則三句摠是一句。旣是一句。一一絶諸對待。而畢竟亦無一句可得。一尙不可得。甚處得許多來。學者。泥他三句規模。透不得徹。則返以雲門謾人。其謂之關。不亦宜乎。若靈利漢。才聞擧着。直下透徹。剔起便行。雲門何消道介一鏃破三關。當時大衆。卽不能故。雲門伊麽道。是多少慈悲。或若執認一鏃。便向這裏作活計。與泥三句規模地。無一可者。此所謂以楔出楔。前楔雖出。後楔復入。然則能不承言滯句。徹見雲門骨髓者。幾希。除非嫡子眞孫。雲門雖有此語。未嘗立三句之名。其嫡子圓明密。始立三句之名。德山之嗣普安道禪師。因三句語。隨以頌之。又立別置一句云。

當人如學唱。三句豈能該。

有問如何事。南嶽與天台。

## 2) 추고抽顧

운문 스님께서는 매번 스님들을 볼 때마다 눈으로 훑어보고는(顧) 곧 '살펴보라(鑑)'라고 말씀하시고, 혹은 '떨쳐 버려라(咦)50'라고 하셨다. 기록한 자가 이를 '고감이顧鑑咦'라 하였는데, 뒤에 원명圓明이 '고顧' 자를 떼어 내고, '감이鑑咦'라고만 하였다. 따라서 총림에서 이를 지목해 '고' 자를 뺐다(抽顧)고 하였다.

### 抽顧

師每見僧以目顧之。卽曰鑑。或曰咦。而錄者曰。顧鑑咦。後圓明刪去顧字。但曰鑑咦。故叢林目之。曰抽顧。

## 3) 일자관一字關

어떤 스님이 물었다.
"무엇이 운문의 검입니까?"
운문 스님께서 말씀하셨다.
"조사(祖)다."【열 개 남짓의 문답이 『인천안목』에 있다.51】
스님께선 근기를 상대하시며 왕왕 이렇게 응수하는 방법을 자주 사용

---

50 이咦 : 희망하거나 찬탄할 때 내는 소리, 또는 주의를 주거나 꾸짖을 때 내는 소리이다.

51 『인천안목』 권2 「일자관一字關」(T48, 312b)에 수록되어 있다. 참고로 인용하면 다음과 같다. "僧問師。如何是雲門劍。師云祖。如何是玄中的。師云祝。如何是吹毛劍。師云骼。又云䯊。如何是正法眼。師云普。三身中那身說法。師云要。如何是啐啄之機。師云響。殺父殺母佛前懺悔。殺佛殺祖甚處懺悔。師云露。如何是祖師西來意。師云師。靈樹一默處如何上碑。師云師。久雨不晴時如何。師云劉。鑿壁偸光時如何。師云恰。承古有言了。卽業障本來空。未了應須還宿債。未審二祖是了是未了。師云確。"

하셨다. 따라서 총림에서는 이를 지목해 일자관一字關이라 하였다.

一字關

僧問。如何是雲門劒。師云祖。【十餘問答。在眼目中。】師凡對機。徃徃多用此酬應。故叢林目之。曰一字關。

## 4) 파릉52이 3구句로 운문雲門의 법을 계승하다

어떤 스님이 물었다.
"무엇이 제바종提婆宗53입니까?"
파릉이 말했다.
"은 주발에 가득한 눈이니라."
물었다.
"무엇이 취모검吹毛劍입니까?"
파릉이 말했다.
"산호珊瑚 가지마다 달이 맺힌다."
물었다.
"조사의 뜻과 교설의 뜻은 같습니까, 다릅니까?"
파릉이 말했다.
"닭은 추우면 나무로 올라가고, 오리는 추우면 물로 들어간다."
운문 스님께서 이 말을 듣고 말씀하셨다.

---

52 파릉巴陵 : 운문 문언 선사의 법사法嗣로 법명은 호감顥鑑, 생몰 연대는 정확치 않다. 악주嶽州 파릉巴陵의 신개원新開院에 주석하며 운문의 종풍을 선양하였다.
53 제바종提婆宗 : 제바는 용수龍樹의 제자인 아리야제바의 약칭이다. 가나제바迦那提婆라고도 하는데, '가나'는 애꾸눈이란 뜻이다. 용수의 중도사상을 계승하여 『백론百論』 2권, 『백자론百字論』 1권, 『광백론廣百論』 1권, 『대장부론大丈夫論』 2권 등을 저술하였다.

"훗날 노승의 제삿날에 이 세 마디 전어轉語[54]만 거론하면, 이 노승을 공양하기에 충분하다."

**巴陵三句嗣雲門**

僧問。如何是提婆宗。

陵云。銀椀裡盛雪。

問。如何是吹毛劒。

陵云。珊瑚枝枝撑着月。

問。祖意敎意。是同是別。

陵云。鷄寒上樹。鴨寒下水。

雲門聞此語云。他日老僧忌辰。只擧此三轉語。供養老僧足矣。

---

[54] 전어轉語 : 미혹을 일거에 변화시켜 깨달음을 얻게 하는 말, 또는 범부의 탈을 벗고 법신을 증득하게 하는 말을 뜻한다.

## 3. 조동종曹洞宗【향상向上을 밝히다.】

방편으로 오위五位를 열어 놓고 세 가지 근기를 잘 제접한다.

보배 검을 가로 뽑아 온갖 견해의 빽빽한 숲을 잘라 버리고, 오묘하게 화합하고 널리 통달해 온갖 근기의 천착을 잘라 버리니, 위음왕불威音王佛 저쪽은 눈에 가득히 안개 낀 풍경이요, 공겁空劫 이전은 하나의 호리병 속에 펼쳐진 바람과 달이로다.

조동종을 알고 싶은가?

부처도 조사도 태어나기 전 공겁空劫 밖이요, 정위正位와 편위偏位는 있다 없다 하는 틀에 떨어지지 않는다.[55]

**曹洞宗【明向上】**
權開五位。善接三根。橫抽寶劍。斬諸見稠林。妙恊弘通。截萬機穿鑿。威音那畔。滿目烟光。空劫已前。一壺風月。要識曹洞宗麽。佛祖未生空劫外。正偏不落有無機。

---

[55] 조동종에 관한 이상의 설명은 『선가귀감』「조동가풍曹洞家風」(X63, 774b)에서 인용하였다.

## 1) 편정오위偏正五位[56]

● 정중편正中偏【임금의 지위[57]】

이치 전체가 곧 현상이다.
일체의 지위를 포괄한다.
도에 들어가는 첫 번째 문.

[크게 마음을 일으키다][58] [왕궁에 강림하시다][59] [일대사를 밝게 드러내다][60]
[정실 소생의 탄생誕生][61] [향向][62]

---

56 편정오위偏正五位 : 동산 양개에서 비롯되었고, 그의 제자 조산 본적曹山本寂이 축위송逐位頌을 붙여 체계화시켰다. 오위五位도 편정오위·공훈오위·왕자오위·군신오위 등 4종이 출현하였다. 편정오위에 대한 아래의 설명은 형계荊溪가 해석하고 행책行策이 기술한 『보경삼매본의寶鏡三昧本義』(X63, 219c)에서 발췌하여 인용하였다.
57 이 부분은 군신오위君臣五位 중에서 해당하는 항목을 기재한 것이다. 다음 '편중정' 이하 협주 부분은 모두 이와 같다.
58 이 부분은 교학의 지위점차를 다섯으로 분류하고, 해당하는 항목을 기재한 것이다. 다음 '편중정' 이하 첫 번째 항목은 모두 이와 같다.
59 이 부분은 부처님의 일생을 오상五相으로 분류하고, 해당하는 항목을 기재한 것이다. 다음 '편중정' 이하 두 번째 항목은 모두 이와 같다.
60 이 부분은 교학과 상대하여 선종 수행자들이 참학하는 과정을 다섯으로 분류하고, 해당하는 항목을 기재한 것이다. 다음 '편중정' 이하 세 번째 항목은 모두 이와 같다.
61 이 부분은 왕자오위王子五位 중 해당하는 항목을 기재한 것이다. 다음 '편중정' 이하 네 번째 항목은 모두 이와 같다. 왕자오위는 모두 존귀한 왕자의 신분이지만, 그 계위에 있어 엄연한 차이가 있음에 비유하여 이치와 현상의 실상을 설명한 것이다. 『선문제조사게송禪門諸祖師偈頌』〈동산오왕자송洞山五王子頌〉(X66, 729c)과 『임천노인평창투자청화상송고공곡집林泉老人評唱投子青和尚頌古空谷集』 권4 제66칙(X67, 302c) 등에 〈오왕자송五王子頌〉이 전하며, 『인천안목』 권3(T48, 316b)에 석상石霜과 대혜大慧의 설명이 수록되어 있다.
62 이 부분은 공훈오위功勳五位 중 해당하는 항목을 기재한 것이다. 다음 '편중정' 이하 다섯 번째 항목은 모두 이와 같다.

[크게 마음을 일으키다]<sup>63</sup>

만약 교승敎乘<sup>64</sup>에 참여한 경우라면, 이는 첫머리에 문수의 근본지根本智가 열리는 것을 형상한 것이다. 마치 선재善財가 처음에 문수를 친견하고는 단박에 근본 이치를 밝혀 보리심菩提心을 일으켰던 것과 같다. 따라서 큰마음(大心)을 일으키는 것에 해당한다.

[왕궁에 강림하시다]

만약 본사本師<sup>65</sup>께서 일생 동안 교화하신 행적에 준한다면, 곧 처음 왕궁에 강림하시는 모습에 해당한다.

[일대사를 밝게 드러내다]

만약 참구하는 학인<sup>66</sup>이라면, 생사를 고통스럽게 생각하다가 선지식의 가르침을 만나 몸과 마음과 세계가 형성되기 이전의 세계로 향하고, 척안隻眼<sup>67</sup>이 활짝 열려 본래부터 갖추고 있었음을 단박에 밝히는 것이 이 지위에 해당한다.

[정실 소생의 탄생]

만약 여러 조사의 가르침과 합치시킨다면, 이것은 법왕의 가문에 처음으로 태어나는 것이다. 따라서 탄생 왕자誕生王子에 해당한다.

[향向]

아득한 세월에 깨달음을 등지다가 이제 비로소 깨달음에 합한 것이다. 따라서 향함(向)에 해당한다.

---

63  작은 표제는 역자가 독자의 이해를 돕기 위해 앞에 제시된 것을 반복하여 제시한 것이다. 이하 동일하다.
64  교승敎乘 : 선종禪宗과 대비시켜 교종敎宗을 일컫는 말이다.
65  본사本師 : 석가모니부처님을 지칭한다.
66  참구하는 학인 : 선종禪宗의 학인을 뜻한다.
67  척안隻眼 : 일척안一隻眼이라고도 하고, 정문안頂門眼·정안頂眼·정안正眼·명안明眼이라고도 한다. 천지를 지배하는 마혜수라의 이마에 있는 눈으로서 올바르게 보는 눈, 진실을 꿰뚫는 안목을 뜻한다.

비롯함이 없는 때부터의 진실하고 영원한 이치와 성품이 지혜의 힘으로 지금 갑자기 열리고 드러났기 때문에 정중편正中偏이라 한다. 이른바 전도된 망상이 사라지고 마음으로 스스로 수긍하는 것이다.

### 偏正五位

◐ 正中偏【君位】

全理即事。該一切位。入道初門。

發大心  降王宮  發明大事  誕生內紹  向

若彖敎乘。象首創文殊根本智。如善財初見文殊。頓明本理。發菩提心。故發大心也。

若約本師一期化迹。則爲王宮初降之相。

若彖學人。痛念生死。遇善知識開示。向身心世界未形以前。隻眼豁開。頓明本有者。配屬此位。

若合諸祖。則此是初生法王之家。故爲誕生王子。久遠背覺。今始合覺。故爲向。

無始已來。眞常理性。以智慧力。今乍開發。故爲正中偏也。所謂顚倒想滅。肯心自許。


◐ 편중정偏中正【신하의 지위】

현상 전체가 곧 이치이다.
지위에 따라 공을 세운다.
수행의 극칙極則.

광대한 행을 실천하다  고행을 닦으시다  작가作家를 찾아뵙다
후실 소생의 조생朝生  봉봉奉

⟮광대한 행을 실천하다⟯
성도 이전에 보현보살普賢菩薩이 광대한 행으로 52위의 공훈功勳을 섭렵하는 것을 형상한 것이다. 마치 선재가 묘고봉妙高峯에서 초주初住[68]를 증득한 후에 선지식을 두루 탐방하면서 제각기 다른 문정門庭을 낱낱이 뚫고 지나갔던 것과 같다. 이것이 큰 공훈을 섭렵하는 것이고, 이것이 광대한 행을 실천하는 것이다.

⟮고행을 닦으시다⟯
만약 본사의 경우라면 출가하여 고행하던 모습에 해당한다.

⟮작가作家를 찾아뵙다⟯
학인이 깨달은 후에 작가의 화로와 풀무를 찾아가 여러 방면으로 단련하고, 그 차별을 깊이 밝혀 나날이 현묘함과 오묘함을 더하는 것이 이 지위에 해당한다.

⟮후실 소생의 조생朝生⟯
만약 여러 조사의 가르침과 합치시킨다면, 이것이 바로 계급階級을 편력하고 나서 대업大業을 성취하는 것이다. 따라서 조생朝生에 해당한다.

⟮봉奉⟯
또 각각의 지위를 닦아 나아가면서 수긍하지 않기 때문에 받듦(奉)에 해당한다.

각각의 지위에서 머무름 없는 행으로 궁극의 과위를 추구하기 때문에 편중정偏中正이라 한다. 이른바 털끝만큼만 차이가 나도 율려律呂[69]에 상응하지 못한다. 즉 이 두 지위는 지혜와 행이 서로 밑거름이 되어 공훈과 지위를 차례로 지나가는 것이다. 지혜는 행을 얻어 대용大用을 무성하게 일으키고, 행은 지혜를 얻어 생각마다 무위가 되니, 하나가 곧 둘이고, 둘이

---
68 초주初住 : 10주十住의 제일인 발심주發心住.
69 율려律呂 : 찬패주악讚唄奏樂 등에 음률의 기준이 되는 음성의 고저 강약. 가락.

곧 하나라서 하나도 아니고 둘도 아니면서 하나이고 또 둘이 된다. 따라서 반야般若의 덕을 성취하게 된다.

◐ 偏中正【臣位】
全事卽理。隨位立功。行李極則。
⎡行大行⎤ ⎡修苦行⎤ ⎡造詣入作⎤ ⎡朝生外紹⎤ ⎡奉⎤
象道前普賢廣大行。攝五十二位功勳。如善財自妙高峯。證初住後。歷叅知識。差別門庭。一一透過。是涉大功勳。此行大行也。
若約本師。爲出家苦行之相。
學人省悟後。就作家爐鞴。多方鍛鍊。深明差別。日益玄奧者。配屬此位。
若合諸祖。此是徧歷階級。而成大業。故爲朝生。
又位位進修不肯。故爲奉。
位位以無住行。趁求極果。故爲偏中正也。所謂毫忽之差。不應律呂。卽此二位。智行互資。功位迭進。智得行而繁興大用。行得智而念念無爲。一卽二。二卽一。不一不二。而一而二。故成般若德也。

⦿ 정중래正中來【임금이 신하를 봄】

이치와 현상이 일여하다.【공훈을 전환하여 지위를 성취하고, 지위를 전환하여 공훈을 성취한다.】
사문의 과과果.

⎡대과大果를 증득하다⎤ ⎡정각을 이루시다⎤
⎡말후구末後句를 투과하여 법신에도 머물지 않다⎤ ⎡숨어 사는 말생末生⎤
⎡공功⎤

### 대과大果를 증득하다

등각等覺의 후득지後得智를 이미 증득한 것을 형상한 것이다. 마치 선재가 남방을 순례하다가 마지막에 미륵彌勒의 누각에 도착해서는 그 자리를 떠나지 않고 두루 참방하고 일심一心을 벗어나지 않고 만행을 마쳤던 것과 같다. 한 생애에 부처님의 과위를 원만히 증득하고 찰나에 3아승기겁을 단박에 초월하여 이치와 현상이 일여하고 본체와 작용이 모두 바른 것이니, 이것이 바로 피안에 도달한 지혜(到彼岸智)에 해당하며, 이것이 대과大果를 증득한 것이다.

### 정각을 이루시다

만약 본사의 경우라면 나무 아래에서 도를 이룬 모습에 해당한다.

### 말후구末後句를 투과하여 법신에도 머물지 않다

학인이 곧장 일심一心을 깨달아 깨달음의 경계를 보존하지 않고 법의 근원을 바닥까지 꿰뚫어 최후의 견고한 관문까지 투과한 것이니, 이른바 한평생 참학하던 일을 끝마친 것이 이 지위에 해당한다.

### 숨어 사는 말생末生

만약 여러 조사의 가르침에 합치시킨다면, 이것이 바로 등각等覺이라는 최후의 몸이다. 따라서 말생末生에 해당한다.

### 공功

큰 공훈을 섭렵함으로 인해 도달하기 때문에 공功이라 하니, 곧 성취하는 과정의 공(就中功)이다.

이것은 곧 바름 가운데의 오묘한 화합으로부터 나오기 때문에 정중래正中來라 한다. 또 한편으로는 진정시키고 한편으로는 암암리에 움직이기 때문에 정중래正中來라 하니, 이른바 "한밤중에도 진정으로 밝지만 하늘이 밝아도 드러나지 않는다."라는 것이다. 자리自利를 이미 만족한 천연의 존귀한 존재이며, 법계와 법성으로 몸을 삼기 때문에 법신法身의 덕을 성취한다.

⊙ 正中來【君視臣】

理事一如。【轉功就位轉位就功。沙門果。】

證大果　成正覺　透末後句不滯法身　末生捿隱　功

象已證等覺後得智。如善財南詢。終至彌勒樓閣。不離當處而徧叅。不出一心而行畢。一生圓證佛果。刹那頓越三祇。理事一如。軆用皆正。是爲到彼岸智。此證大果也。

若約本師。爲樹下成道之相。

學人直了一心。不存悟境。徹法源底。透末[1]後牢關。所謂一生叅學事畢者。配屬此位。

若合諸祖。此是等覺最後之身。故爲末生。

因涉大功勳而至。故爲功。卽就中功也。

此則從正中妙叶而來。故云正中來也。又一鎭靜一暗動。故爲正中來也。所謂夜半正明天曉不露。自利已滿。天然尊貴。以法界法性爲身。故成法身德也。

---

1) 옘 '末'는 '末'의 오자이다. 번역은 '末'에 따른다.

○ 겸중지兼中至【신하가 임금을 향함】

본체로부터 작용을 일으킨다.
공훈과 지위가 나란히 드러난다.
사문의 이류異類.[70]

큰 그물을 찢다　법륜을 굴리시다　법을 설해 중생을 이롭게 하다
신묘하게 작용하는 화생化生　공공共功

---

70 이류異類 : 이류중행異類中行을 가리킨다. 선사가 수행자나 일반인들과 함께 생활하면서 지도 교화에 힘쓰는 일. 보살행. 다음도 동일하다.

큰 그물을 찢다

성도 이후의 보현보살의 원만행을 형상한 것이다. 이전의 지위로서 원력을 타고 세속을 섭렵하면서 부류에 따라 몸을 화현해 큰 작용을 무성하게 일으키고 법계를 두루 다스린다. 따라서 본체는 치우쳐 있지만 지위는 항상 바르다. 이것이 불과佛果를 성취한 후의 행이고, 이것이 큰 그물을 찢는 것이다.

법륜을 굴리시다

만약 본사의 경우라면 법륜을 굴리시는 모습에 해당한다.

법을 설해 중생을 이롭게 하다

학인이 복덕과 지혜를 만족한 뒤에 시절이 도래하면 자리를 얻어 옷을 걸치고서 비스듬히 누워 만물을 위하는 것이 이 지위에 해당한다.

신묘하게 작용하는 화생化生

만약 여러 조사의 가르침에 합치시킨다면, 이것이 바로 법신을 투과한 뒤에 만물을 위해 법칙을 세우는 것이다. 따라서 화생化生에 해당한다.

공공共功

불과를 성취하고 나서는 인행因行을 습득하지 않기 때문에 비유하여 왕자王子라 한다. 모든 법이 함께 흥성하고 온갖 근기가 일제히 달려오기 때문에 공공共功에 해당한다.

오묘하게 합하여 육도六塗를 통달하고, 북치고 노래하면서 쌍으로 거론하기 때문에 겸중지兼中至라 한다. 이른바 선대의 성인들께서 중생을 불쌍히 여겨 법보시(法檀度)를 행하신 것이다.


○ 兼中至【臣向君】

從體起用。功位齊彰。沙門異類。

裂大綱 轉法輪 說法利生 化生神用 共功

象道後普賢圓滿行。以前位乘願涉俗。隨類化身。繁興大用。彌綸法界。故體偏而位常正。是佛果後行。此裂大綱也。
若約本師。爲轉法輪之相。
學人福智已足。時節若至。得座披衣。橫身爲物者。配屬此位。
若合諸祖。此是已透法身。爲物作則。故爲化生。
果後不拾因門。故猶爲王子。諸法並興。萬機齊赴。故爲共功。
妙叶通塗。敲唱雙擧。故爲兼中至也。所謂先聖悲之。爲法檀度。

● 겸중도兼中到【임금과 신하가 합함】

작용을 거두어 본체로 돌아간다.
공훈과 지위가 일제히 사라진다.
종문宗門의 이류異類.

[대처大處로 돌아가다] [열반에 드시다]
[물러나 비밀스러운 곳에 자취를 감추다] [나오지 않는 내생內生]
[공공功功]

[대처大處로 돌아가다]
구경인 진여 법계의 바다를 형상한 것이다. 밖으로 만행萬行에 머물지 않고 안으로 일심一心에도 머무르지 않아 삼제三際가 평등하고 시방이 앉은 자리에서 끊어지니, 마음과 부처와 중생을 끝내 얻을 수 없다. 이것이 바로 비밀장秘密藏이고, 이것이 대처大處로 돌아가는 것이다.

[열반에 드시다]
만약 본사의 경우라면 열반에 드시는 모습에 해당한다.

[물러나 비밀스러운 곳에 자취를 감추다]
학인이 한 생애 세상에 나와 할 수 있는 일들을 이미 마치고는 방편과

진실을 함께 거두고 온갖 기미機微를 잠재우고서 마치 영양이 나뭇가지에 뿔을 걸듯이 은밀한 곳으로 물러나 숨는 것이 이 지위에 해당한다.

[나오지 않는 내생內生]
만약 여러 조사의 가르침에 합치시킨다면, 이것이 바로 비고 아득해 집착할 것이 없는 종지이며, 돌고 돌아서 첫 번째 지위와 같은 본체로 돌아온 것이다. 따라서 내생內生에 해당한다.

[공공功功]
제도할 중생이 없고 흥성시킬 세상이 없기에 공덕의 극치도 없다. 따라서 공공功功에 해당한다.

행과 지위가 함께 사라지고, 유와 무에 떨어지지 않으며, 금시今時[71]를 완전히 다하고, 근원으로 돌아가 근본과 합하기 때문에 겸중도兼中到라 한다. 이른바 "남모르게 행동하고 비밀스럽게 작용하니, 어리석은 듯하고 미련한 듯하다."라는 것이다.

이상의 두 지위는 펼치면 그 행이 온 법계에 가득하고, 거두면 그 자취를 찾기 힘든 것이다. 펼치는 것이 곧 거두는 것이어서 사고를 끊고 논의를 끊었으니, 4구句와 백비百非 어떤 것으로도 도달하지 못한다. 따라서 해탈解脫의 덕을 성취한다.


● 兼中到【君臣合】

攝用歸體。功位齊泯。宗門異類。

[歸大處] [入涅槃] [退藏於密] [內生不出] [功功]

象究竟眞如法界海。外不住萬行。內不住一心。三際平等。十方坐斷。心佛衆生。了不可得。是爲秘密藏。此歸大處也。

---

71 금시今時 : 본분本分과 상대되는 용어이다. 본래 진실한 본분을 나변那邊·제일의문第一義門이라 하고, 수증을 거치는 단계인 금시今時를 차변此邊·제이의문第二義門이라 한다.

若約本師。爲入涅槃之相。

學人一期出世。能事已畢。權實雙收。萬機寢息。退藏穩密。猶如羚羊掛角者。配屬此位。

若合諸祖。此是虛玄無着之宗。循復還之。與第一位同體。故爲內生。

無生可度。無世可興。乃無功之極致。故爲功功。

行位濟泯。不落有無。極盡今時。還元合本。故爲兼中到也。所謂潛行密用。如愚若魯。

此上二位。展則行彌法界。收則足跡難尋。即展即收。絕思絕議。以其四句百非。皆悉不到。故成解脫德也。

## 2) 공훈오위功勳五位

동산洞山[72] 스님께서 대중에게 말씀하셨다.

"향시向時에는 어떻게 하며, 봉시奉時에는 어떻게 하며, 공시功時에는 어떻게 하며, 공공시共功時에는 어떻게 하며, 공공시功功時에는 어떻게 할까?"

어떤 스님이 물었다.

"무엇이 향向입니까?"

동산 스님께서 말씀하셨다.

"너는 밥을 먹을 때 어떻게 하느냐?"

---

[72] 동산洞山(807~869) : 법명은 양개良价. 오설산五洩山 영묵의 제자가 되어 21세에 숭산에서 구족계를 받았고, 남전 보원과 위산 영우에게 참학하였으며, 위산의 지시로 운암 담성雲巖曇晟을 찾아가 법을 이었다. 당나라 대중 말년에 신풍산新豊山에 주석하며 학도를 가르쳤고, 그 후 예장 동산洞山의 보리원菩提院으로 옮겨 종풍을 크게 떨쳤다. 당나라 함통 10년에 입적하였으며, 시호는 오본 대사悟本大師이다. 그 문하에 운거 도응·조산 본적·소산 광인·청림 사건·용화 거둔·화엄 휴정 등이 배출되어 일가를 이루었다.

스님이 물었다.

"무엇이 봉奉입니까?"

동산 스님께서 말씀하셨다.

"너는 배반할 때 어떻게 하느냐?"

물었다.

"무엇이 공功입니까?"

동산 스님께서 말씀하셨다.

"너는 괭이를 내려놓을 때 어떻게 하느냐?"

물었다.

"무엇이 공공共功입니까?"

동산 스님께서 말씀하셨다.

"너는 색色을 얻을 수 없을 때 어떻게 하느냐?"

물었다.

"무엇이 공공功功입니까?"

동산 스님께서 말씀하셨다.

"너는 함께할 수 없을 때 어떻게 하느냐?"


**功勳五位**

同[1)]山示衆云。向時作麼生。奉時作麼生。功時作麼生。共功時作麼生。功功時作麼生。

有僧問。如何是向。

山云。你喫飯時作麼生。

僧問。如何是奉。

山云。你背時作麼生。

進云。如何是功。

山云。你放下钁頭時作麼生。

進云。如何是共功。

山云。你不得色時作麼生。

進云。如何是功功。

山云。你不共時作麼生。

1) ㉮ '同'은 '洞'의 오자이다.

[향시向時]
반드시 저 분명한 견처見處가 있어야 비로소 그를 향한다고 할 수 있다. 또 향하는 그것은 어떤 일일까?
'밥 먹을 때(喫飯時).'
무릇 옷을 입고 밥을 먹으면서 반드시 저 존귀한 사람을 분명히 알아차려야만 한다. 이 사람을 모른 채 그저 사대四大로 이루어진 색신만 길러서는 안 된다.

[向時]
須有介分明見處。方名向他。又向介甚麼事。
喫飯時。
凡着衣喫飯。須要明識得那介尊貴人。若不識此人。不可只養四大色身去也。

[봉시奉時]
이런 일이 있음을 알았다면 하루 열두시 내내 그를 배반해서는 안 된다. 모름지기 온갖 마음에 빈틈이 없고 생각생각에 차이가 없어야 한다. 이를 시시각각 소중함을 받드는 것이라 하니, 이 마음에 혼매하지 말라.
'배반할 때(背時).'
부처님이건 조사건 세간이건 출세간이건 모두 철천지원수와 비슷하니, 일체를 배반하라. 또한 오역五逆의 큰 죄를 저지른 사람처럼 일체를 받들지 않아야 존귀한 사람의 분상에서 비로소 효도하며 그를 받드는 것이 된다.

奉時

旣知有此事。十二時中。不得與他違背。直須萬心無間。念念無差。此名時中奉重。勿昧此心。

背時。

若佛若祖若世間出世間。皆如生寃家相似。一切違背。又如大五逆人。一切不奉。於尊貴人分上。始成孝道奉他也。

공시功時

바로 이것이 공功을 들이는 때이니, 이전에 그를 향하고 그를 받들었던 것은 공이 아니었다. 이제 당장 그 자리에서 인정하고서 온몸으로 짐을 짊어지면서도 닦고 행한다는 마음과 힘을 실오라기만큼도 쓰지 않아야 비로소 그걸 공功이라 하니, 이것을 공들임이 없는 공(無功之功)이라 한다.

'괭이를 내려놓을 때.'

일체를 다 내버려 두고 손을 털어도 단절됨이 없다.

功時

正是下功時。前來向他奉他。仍未是功。今直下承當。全身荷擔。不用絲毫。修行心力。方是名功。此名無[1]功之功。

共功時[2)]

放下钁頭時。

一切盡放却。撤手無間斷。

---
1) ㉘『한국불교전서』에서는 '無' 자로 끝나나 저본에 의거하여 '功之功'을 보충 제시

하고 번역하였다.  2) ㉠ 이곳의 '共功時'는 저본에는 없는 글자로 『한국불교전서』에 잘못 삽입된 것이다. 번역에서는 제외하였다.

[공공시共功時]

이것을 일색一色[73]이라 하니, 넓은 땅 위의 흰 소이고, 청정하고 오묘한 법신에 해당한다. 변론할 길이 없는 일색을 공공共功이라 한다. 공공共功이란 식심識心이 도달하는 경계와 함께한다는 것이 아니니, 이를 함께하지 않는 공(不共之功)이라 한다.

'색을 얻을 수 없다(不得色).'

세간에 비슷한 물건이 없고, 비유와 주문도 미칠 수 없음을 말한다. "백로가 눈밭에 서 있어도 같은 색이 아니고, 밝은 달과 갈대꽃은 비슷하지 않다."[74]라고 말한 것과 같다. 종류가 다른 것이다.

[共功時]

此名一色。爲露地白牛。淨妙法身。一色無弁。名曰共功。共功者。非共識心所到境。此名不共之功。

不得色。

謂世間無物相似。喩呪不及。如云鷺鷥立雪非同色。明月蘆花不似他。類之不齊。[1)]

---

1) ㉠『한국불교전서』에는 '之不齊'가 누락되어 있는데 저본에 따라 보충하였다.

---

73 일색一色 : 일체가 평등한 세계를 말한다. 조동종에서 주로 사용하는 용어이다.
74 백로가 눈밭에~비슷하지 않다 : 단하 자순丹霞子淳(1064~1117) 선사의 상당법어다.(X71, 762a)

[공공시功功時]

금시今時를 완전히 없애야 비로소 성립되기에 지위 가운데에서의 공(位中功)이라 하고, 공훈을 전환해 그것을 성취하므로 또한 성취하는 과정의 공(就中功)이라 한다. 이것이 바로 공훈이 완성된 경지이기에 공공功功이라 하니, 바로 이것이 공훈을 성취하는 공功이다.

'함께할 수 없을 때(不共時).'

부처나 조사, 이승의 공으로는 도달할 수 없는 경지를 불공不共이라 한다. 또한 공훈을 벗어난 그 바깥의 일이다.【이상 공훈오위에 대한 주석이 누구의 것인지 이름을 밝히지 않았다.】

[功功時]

盡却今時。始得成立。名位中功。轉功就他去。亦名就中功。此是功成之處。名曰功功。乃是功就之功。

不共時。

佛祖。二乘。功不到處。名爲不功。[1] 亦出功勳外事。【上五位註。不顯何人之名。】

1) ㉮ '功'은 '共'의 오자이다. 저본에도 '功' 자 옆에 '共'으로 정정한 표시가 있다.

### 3) 군신오위君臣五位[75]

첫째, 임금(君).

정위正位이다. 상주하는 진공眞空으로서 끝내 한 물건도 없으며, 응연凝然히 홀로 우뚝한 것이다.

둘째, 신하(臣).

---

75 군신오위에 대한 아래의 설명은 어디서 인용한 것인지 명확하지 않다. 다만 『오가종지찬요五家宗旨纂要』 권중(X65, 267)에 수록된 내용과 유사하다.

편위偏位이다. 즉 색계色界 가운데서 갖가지 만상이 펼쳐지지만 물물마다 차이가 없는 것이다.

셋째, 신하가 임금을 향함(臣向君).

편중정偏中正이다. 현상을 버리고 이치로 들어가서 다시는 진리와 차이가 없는 것이다.

넷째, 임금이 신하를 향함(君向臣).

정중편正中偏이다. 이치를 등지고 현상을 취하지만 현상에 이름을 세우지 않는 것이다.

다섯째, 임금과 신하가 합함(君臣合).

이는 '함께 아우른다(兼帶)'라는 말이다. 이렇게 기연에 응해야 모든 법에 떨어지지 않는다. 더러움도 아니고 청정함도 아니며 치우침도 없고 바름도 없는 까닭에 텅 비고 현묘한 대도大道이며 집착할 것이 없는 진공眞空이다. 위로부터의 모든 성인들께서 이 하나의 지위를 가장 오묘하고 가장 그윽한 것으로 받드셨다.

### 君臣五位

一君。

正位也。常住眞空。了無一物。凝然獨立也。

二臣。

偏也。則色界之中。種種萬相。物物無差也。

三臣向君。

偏中正。捨事入理。更無眞理之異也。

四君向臣。

正中偏。背理就事。不立事相之名。

五君臣合。

是兼帶之語也。乃是應緣。不墮諸法。非染非淨。無偏無正。故虛玄大道。

無着眞空。從上諸聖。推此一位。最妙最玄也。

### 4) 조산曹山[76]의 삼타三墮【대양 명안大陽明安[77] 화상의 해석】

첫째, 음식을 받지 않는 것이다. 이것은 존귀타尊貴墮이다.

음식을 받는 것은 금시今時의 일이고, 음식을 받지 않는 것은 저쪽의 일이다. "종일 밥을 먹지만 일찍이 쌀 한 톨도 씹은 일이 없다."라고 한 것이 이것이다. 모름지기 저쪽을 알고 나서 다시 이쪽으로 돌아와 거닐어야만 '음식을 받는 것(受食)'이라 한다. 만약 이쪽으로 오는 것을 겪지 않고 저쪽에 눌러앉아 그저 임금의 보배만 지키고 있다면, 이것이 '음식을 받지 않는 것(不受食)'이고, 존귀타라고 한다.

둘째, 물소가 되는 것이다. 이것은 이류타異類墮이다.

물소가 된다는 것은 사문의 전신어轉身語[78]이다. 부처와 조사의 지위는 홀로 우뚝하므로 이는 위험한 곳이다. 따라서 고인께서는 안신입명安身立命을 허락지 않고 다시 돌아서 이류異類 가운데로 들어가셨던 것이다. 모름지기 몸을 은밀한 곳에 숨겨야만 한다. "부처와 조사의 지위에는 붙잡아도 머물지 않고, 깊은 밤 예전처럼 갈대숲에서 잠잔다."라고 한 것과 같으니, 이것이 이류 가운데 일이다.

---

76 조산曹山(839~901) : 법명은 본적本寂. 유학儒學을 배우다가 19세에 승려가 되어 복주 복당현 영석산에 들어가 25세에 비구계를 받았다. 그 후 동산洞山의 양개良价에게서 종지를 받고, 무주의 조산曹山 숭수원崇壽院과 하옥산에 주석하며 동산의 가풍을 크게 떨쳤다. 조동종이란 이름도 스승이 주석한 동산洞山과 더불어 본적이 주석한 조산曹山에 의거한 것이다. 천복 1년에 세수 62세로 입적하였으며, 시호는 원증 선사元證禪師이다.
77 대양 명안大陽明安(943~1027) : 중국 스님으로 양산 연관梁山緣觀의 법을 이은 명안 경현明安警玄 선사를 말한다. 대양산大陽山에 주석하며 동산의 종풍을 선양하였다.
78 전신어轉身語 : 전어轉語라고도 한다. 미혹을 일거에 변화시켜 깨달음을 얻게 하는 말, 또는 범부의 탈을 벗고 법신을 증득하게 하는 말을 뜻한다.

셋째, 소리와 빛깔을 끊지 않는 것이다. 이것은 수처타隨處墮이다.

소리와 빛깔 속에서 잠자고 소리와 빛깔 속에서 앉고 누우니, 만약 소리와 빛깔의 본체를 분명히 알아차리지 못한다면 곧 소리와 빛깔을 따라 떨어지게 된다. 모름지기 소리와 빛깔 가운데서 몸을 빼낼 길이 있어야만 비로소 옳다.

**曹山三墮【大陽明安和尚釋】**
一不受食。是尊貴墮。
受食是今時事。不受食那邊事。如云終日喫飯。不曾咬著一粒米是也。須知那邊了。却來這邊行履。名受食。若不過這邊來。坐在那邊。徒守珎御。是不受食。名尊貴墮也。
二作水牯牛。異類墮。
作水牯牛。乃沙門轉身語也。謂佛祖位孤高。是危嶮處。所以古人。不肯安身立命。却轉入異類中去。直須藏身隱密處。如云佛祖位中留不住。夜來依舊宿蘆花。是異類中事。
三不斷聲色。隨處墮。
向聲色裡睡眠。聲色裡坐臥。若不明識聲色之體。卽隨聲色墮也。直須向聲色中。有出身之路。始得。

## 5) 동산洞山의 세 가지 삼루滲漏[79]

첫째, 견삼루見滲漏.
근기가 지위를 벗어나지 못해 독해毒海에 떨어져 있는 것이니, 묘함은

---

[79] 세 가지 삼루에 대한 아래 설명은 『인천안목』 권3(T48, 319a)에서 인용하였다. 하지만 문장이 정확히 일치하지는 않는다.

지위를 전환하는 데 있다.

　견해가 알고 있는 것에 정체되어 있는 것을 말한다. 만약 지위를 전환하지 않으면 곧 일색一色에 눌러앉게 된다. 삼루渗漏라고 말한 것은, 곧 말 가운데서 그 훌륭함을 다하지 못한다는 것이다. 만약 지극한 이치에 순응하여 말한다면, 바야흐로 그 훌륭함을 다할 수 있다. 모름지기 온 자취를 판별해야만 비로소 현묘한 기틀(玄機)의 오묘한 작용(妙用)을 이어갈 수 있다.

　둘째, 정삼루情渗漏.

　지혜가 항상 향하거나 등지며, 견처見處가 치우치고 메마른 것이다. 지혜와 경계가 원만하지 못하고 취하고 버림에 정체되어 앞뒤가 치우치고 메마르며 조감하는 깨달음이 완전치 못한 것을 말한다. 이것은 혼탁한 지혜로 육도를 떠돌 때에 이쪽 언덕에서 일어나는 일이다. 모름지기 구절구절마다 양 극단에 떨어지지 않고, 망정의 경계에 정체되지 않아야 한다.

　셋째, 어삼루語渗漏.

　본체의 오묘함이 그 종지를 잃고, 근기가 그 처음과 끝에 혼매한 것이다. 혼탁한 지혜로 떠도는 까닭이 이 세 가지에서 벗어나지 않는다.

　"본체의 오묘함이 그 종지를 잃었다."라는 것은, 언어적 표현에 정체되어 구절이 그 종지를 잃어버리는 것이다. "근기가 그 처음과 끝에 혼매하다."라는 것은, 근기를 맞닥뜨리고도 어둡고 우매하여 그저 말 가운데 있을 뿐 종지가 원만하지 못한 것을 말한다. 구절구절이 모름지기 말이 있는 가운데 말이 없고, 말이 없는 가운데 말이 있는 것이라야 비로소 오묘한 종지가 밀밀하고 원만하게 된다.


**洞山三種渗漏**

　一見渗漏。機不離位。墮在毒海。妙在轉位也。
　謂見滯在所知。若不轉位。即坐在一色。所言渗漏者。即是語中不盡善也。

若順至理而言。方能盡善也。須辨來蹤。始得相續玄機妙用。
二情滲漏。智常向背。見處偏枯。
謂智境不圓。滯在取舍。前後偏枯。鑑覺不全。是濁智流轉途中邊岸事。直須句句不落二邊。不滯情境。
三語滲漏。體妙失宗。機昧終始。濁智流轉。不出此三種。
體妙失宗者。滯在語路。句失宗旨。機昧終始者。謂當機暗昧。只在語中。宗旨不圓。句句須是有語中無語。無語中有語。始得妙旨密圓也。

## 6) 동산이 널리 주창한 세 가지 강요綱要

첫째, 북치고 노래하기를 동시에 행한다(敲唱俱行).
'고敲'란 두드린다(擊也)는 뜻이고, 단절하는 이치이다. '창唱'이란 늘어놓다(放也)는 뜻이고, 열어서 터놓는 현상이다. 두드리면 까마귀 떼가 바다로 달아나고, 노래하면 옥토끼가 하늘을 달린다. 이치를 두드리고 현상을 노래함에 현상과 이치가 일제히 드러나고, 밝음과 어두움이 쌍으로 나타난다. 장악하고(把定) 풀어놓기(放行)를 완전히 자기 마음대로 하니, 대용大用이 자유자재하고 정正과 편偏에 정체하지 않는다.

둘째, 쇠사슬과 같은 현묘한 길(鉤鎖玄路).
비록 현묘하게 노래하고 현묘하게 제기하지만 혈맥血脉이 끊어지지 않게 하기 때문에 쇠사슬과 같다고 한다.

셋째, 성인과 범부에 떨어지지 않는다(不墮聖凡). 이치와 현상을 섭렵하지 않는다(不涉理事)고도 한다.

앞에서 "밝음과 어두움을 교대로 펼치고 편과 정을 교대로 사용한다."라고 한 것은, 쌍으로 풀어놓는 것이다. 지금 "현상과 이치를 섭렵하지 않는다."라는 것은, 쌍으로 거두는 것이다.

**洞山唱道三綱要**

一敲唱俱行。

敲者。擊也。絕斷理也。唱者。放也。放開事也。敲即烏飛海上。唱乃兔走天中。敲理唱事。事理齊舉。明暗雙彰。把之放行。全由自己。大用縱橫。正偏不滯。

二鉤鎖玄路。

雖玄唱玄提。令血脉不絕。故鉤鎖也。

三不墮凡聖。又曰不涉理事。

前來明暗交羅。偏正互用。是雙放也。今事理不涉。是雙收也。

## 4. 위앙종潙仰宗[80] 【체와 용을 밝히다.】

스승과 제자가 노래하고 화답하며, 아버지와 아들이 한 집에 산다. 옆구리 아래에 글자를 쓰니[81] 머리에 날카로운 뿔이 돋고, 방안에서 사람을 시험하니 사자의 허리가 꺾인다. 4구句를 벗어나고 백비百非를 끊었다 해도 한 방망이로 박살을 내고, 입은 두 개이며, 혀는 한 개도 없지만, 아홉 구비 구슬 구멍을 통과한다.
위앙종을 알고 싶은가? 잘린 비석이 옛길에 누워 있고, 무쇠 소는 소실少室에서 잠잔다.[82]

**潙仰宗【明體用】**
師資唱和。父子一家。脇下書字。頭角崢嶸。室中驗人。獅子腰析。[1] 離四句絶百非。一搥粉碎。有兩口無一舌。九曲珠通。要識潙仰宗麽。斷碑橫古路。鐵牛眠少室。

1) 옉 '析'은 '折'의 오자이다. 『선가귀감』에도 '獅子腰折'로 되어 있다.

---

80  위앙종潙仰宗 : 백장 회해百丈懷海의 법을 이은 위산 영우潙山靈佑(771~853)를 개조로 한다. 그의 제자 앙산 혜적仰山慧寂(840~916)에 이르러 대성하였다. 그러나 명맥이 오래가지 못하고 150여 년 뒤에는 후계가 끊어졌다.
81  옆구리 아래에 글자를 쓰니 : 위산 영우는 자신이 죽은 후에 암소(水牯牛)로 태어날 것인데, 그 옆구리에 '위산승모갑潙山僧某甲'이라는 다섯 글자가 쓰여 있을 것으로 예언하였다. 『담주위산영우선사어록潭州潙山靈祐禪師語錄』(T47, 581c).
82  이상 위앙종에 대한 설명은 『선가귀감』「위앙가풍潙仰家風」(X63, 774b)에서 인용하였다.

## 1) 삼종생三種生

상생想生·상생相生·유주생流注生.

상생想生은 곧 사유의 주체인 마음이 복잡하고 혼란스러운 것이다. 상생相生은 곧 사유의 대상인 경계가 분명한 것이다. 미세유주微細流注는 두 가지가 함께 번뇌의 때가 되는 것이다. 말끔히 없앨 수 있다면 비로소 자재를 얻게 된다.

석불 충石佛忠[83] 선사께서 말씀하셨다.

"상생想生은 토끼가 달을 바라보는 것이고, 상생相生은 산하대지이며, 유주생流注生은 끊어짐이 없는 것이다."【원상圓相·암기暗機·의해義海·자해字海·의어意語·묵론默論[84]이라는 여섯 가지 명칭에 대해서는『인천안목人天眼目』에 상세히 서술되어 있으니 검토하라.[85]】

#### 三種生

想生。相生。流注生。

想生即能思之心雜亂。相生即所思之境歷然。微細流注。俱爲塵垢。若能淨盡。方得自在。

石佛忠禪師云。想生兔子望月。相生山河大地。流注生無間斷。【圓相。暗機。義海。字海。意語。默論。此六名。詳叙人天眼目。檢之也。】

---

83 석불 충石佛忠 : 금산 영金山穎 선사의 법사法嗣인 월주越州 석불사石佛寺 현충 조인顯忠祖印 선사를 말한다.『속전등록續傳燈錄』권9(T51, 521b)에 전기와 법문이 전한다.

84 원상圓相·암기暗機~의어意語·묵론默論 : 모두 원상圓相을 일컫는 단어이다. 이를 원수육문圓收六門 또는 원상육의圓相六義라 한다. 원상은 절대의 진실을 뜻한다. 온 갖 삼매와 뜻이 일원상一圓相에 모두 포함되어 있기에 의해義海라 하고, 주객의 대립이 발생하기 이전의 작용이기에 암기暗機라 하고, 불법을 표현하는 글자가 되기에 자해字海라 하고, 종의宗意를 표현하기에 의어意語라 하고, 구차한 논의 없이 그대로 종의에 계합하기에 묵론默論이라 한다.

85 원상의 여섯 가지 명칭과 유래, 의미 등이『인천안목』권4(T48, 321c)에 서술되어 있다.

## 5. 법안종法眼宗[86]【마음뿐임을 밝히다.】

말에 메아리가 있고, 구절 속에 칼날을 감추었다. 해골이 항상 세계를 어지럽히고 콧구멍이 가풍을 쓰다듬으니, 바람에 흔들리는 가지와 달빛 가득한 백사장이 진심眞心을 높이 드러내고, 비춰 빛 대나무와 누런 국화가 오묘한 법을 널리 밝힌다.

법안종을 알고 싶은가? 바람에 날린 조각구름이 고갯마루로 돌아가고, 흐르는 강물에 어린 달님이 다리를 건너온다.[87]

### 法眼宗【明唯心】
言中有響。句裏藏鋒。髑髏常干世界。鼻孔磨觸家風。風柯月渚。顯露眞心。翠竹黃花。宣明妙法。要識法眼宗麼。風送斷雲歸嶺去。月和流水過橋來。

---

86 법안종法眼宗 : 법안 문익法眼文益(885~958) 선사에 의해 일가를 이룬 종파이다. 문익은 7세에 출가하여 장경 혜릉長慶慧稜에게 참학하고 후에 나한 계침羅漢桂琛의 법을 이었다. 임천주臨川州의 숭수원崇壽院에 주석하다 금릉金陵의 보은선원報恩禪院으로 자리를 옮겼으며, 다시 청량사淸凉寺에 머물며 종풍을 크게 선양해 일가를 이루었다. 따라서 청량 문익淸凉文益이라고도 한다.

87 이상 법안종에 대한 설명은 「선가귀감」「법안가풍法眼家風」(X63, 774b)에서 인용하였다.

1) **육상**六相 : **총**總 · **별**別 · **동**同 · **이**異 · **성**成 · **괴**壞【『화엄경華嚴經』 육상의六相義. 초지 보살을 위해 설한 것이다.】[88]

총상總相이란 하나가 많은 덕성을 함유하고 있기 때문이다. 별상別相이란 많은 덕성이 하나가 아니기 때문이다. 동상同相이란 많은 뜻이 서로 위배되지 않기 때문이다. 이상異相이란 많은 뜻이 서로 비슷하지 않기 때문이다. 성상成相이란 이런 모든 뜻으로 말미암아 연기緣起가 성립하기 때문이다. 괴상壞相이란 모든 연緣이 각기 자성에 머물며 이동하지 않기 때문이다.

이 육상의六相義는, 보살이 초지初地에서 관찰하여 세간의 일체 법문을 통달하고, 능히 법계法界의 근본에 들어가 단상斷常의 견해에 떨어지지 않는 것이다. 만약 한결같이 차별만 있다면 수행의 지위를 좇다가 종지와 어긋나게 되고, 만약 한결같이 같기만 하다면 닦아 나아감을 잃고 적막함에 떨어진다. 그래서 문수文殊는 이치로써 행을 도장처럼 찍어내 차별되는 도를 일그러트림이 없었고, 보현普賢은 행으로써 이치에 회합하여 근본의 문을 닫지 않았다.

> 六相。總別同異成壞。【華嚴經六相義。爲初地菩薩說也。】
> 總相者。一合[1]多德故。別相者。多德非一故。同相者。多義不相違故。壞[2]相者。多義不相似故。成相者。由此諸義緣起成故。壞相者。諸緣各住自性不移動故。此六相義者。是菩薩初地中觀。通世間一切法門。能入法界之宗。不墮斷常之見。若一向別。逐行位而乖宗。若一向同。失進修而墮寂。

---

**88** 육상의六相義에 대한 아래의 설명은 『인천안목』 권4 「논화엄육상의論華嚴六相義」 (T48, 324a)에서 발췌하여 인용한 것이다. 또한 『인천안목』의 설명은 『종경록宗鏡錄』 권46(T48, 690c)에서 인용한 것이다. 『종경록』의 저자인 연수延壽 선사는 법안종 제3조이다.

以³⁾文殊以理印行. 差別之道無虧. 普賢以行會理. 根本之門不廢.

1) ㉠ '合'은 '舍'의 오자인 듯하다. 이 책의 저본인 『인천안목』에도 이 구절이 '一合多德故'로 되어 있으나 『대방광불화엄경수소연의초大方廣佛華嚴經隨疏演義鈔』 권53, 『화엄일승교의분제장華嚴一乘教義分齊章』 권4, 『법계도기총수록法界圖記叢髓錄』 권상 등 화엄종 관련 서적에는 모두 '一舍多德故'로 되어 있다. 따라서 근간이 되는 화엄종 전적을 따라 '一舍多德故'로 수정하여 번역하였다. 2) ㉠ '壞'는 '異'의 오자이다. 3) ㉠ '以' 앞에 '是'가 누락되었다. 이 구절이 『종경록』과 『인천안목』에는 모두 '是以文殊以理印行'으로 되어 있다. '是'를 보완하여 번역하였다.

## 2) 덕소 국사德韶國師⁸⁹의 사료간四料揀 : 부처님의 오묘한 깨달음에 준한다면, 이理 · 지智 · 단斷 · 응應이다

문문聞聞【풀어놓는 것(放)】.

응함을 증득한 것(證應).

문불문聞不聞【거두는 것(收)】.

끊어 버림을 증득한 것(證斷).

불문문不聞聞【눈이 밝은 것(明)】.

지혜를 증득한 것(證智).

불문불문不聞不聞【눈이 어두운 것(瞎)】.

이치를 증득한 것(證理).

**韶國師四料揀. 約佛妙證理智斷應.**

聞聞【放】. 證應. 聞不聞【收】. 證斷. 不聞聞【明】. 證智. 不聞不聞【瞎】. 證理.

---

89 덕소 국사德韶國師(891~972) : 법안종 제2조로서 덕소德韶는 법명. 17세에 출가하여 50여 선지식을 참방하고 법안 문익法眼文益의 법을 이었다. 이후 천태산天台山에 주석하며 법안의 종풍을 크게 선양하였다.

## 3) 원오圓悟[90]의 오종강요五宗綱要[91]

완전한 기틀 그대로 크게 활용해 몽둥이와 할을 교대로 퍼붓나니, 칼날 위에서 사람을 찾고 번갯불 속에서 손을 내미는 것이 임제종이다.

북두北斗에 몸을 감추고 가을바람에 온몸을 드러내나니, 3구句를 판별한다 해도 한 발의 화살이 허공에 아득한 것이 운문종이다.

임금과 신하의 도가 합하고 치우침과 바름이 서로를 돕나니, 조도鳥道[92]와 현도玄途[93]에서 금바늘로 옥빛의 수를 놓는 것이 조동종이다.

스승과 제자가 노래하고 화답하며 아버지와 아들이 한 집에 사나니, 밝음과 어두움을 교대로 퍼부으면서 말로도 침묵으로도 드러내지 않는 것이 위앙종이다.

소리를 듣고 도를 깨닫고 빛깔을 보고 마음을 밝히나니, 구절 속에 칼날을 감추고 말에 메아리가 있는 것이 법안종이다.

다섯 가문은 음성을 고르고 곡조를 바꿔 오묘한 문을 개척하고는 수많은 지역에서 풍속을 변화시켰다. 그러나 이 모두가 무無에서 노래를 뽑아낸 것이고, 그 곡조는 초학의 근기들을 위한 것이었다. 만일 준수한 부류

---

[90] 원오圓悟(1063~1135) : 법명은 극근克勤. 임제종 양기파 스님이다. 팽주彭州 숭녕崇寧 출신으로 경론을 연구한 뒤 여러 선지식을 참방하고 오조 법연五演의 법을 이었으며, 불과佛果라는 법호를 받았다. 불안佛眼·불감佛鑑과 함께 오조 문하의 3불佛로 칭송받았다. 협산夾山의 벽암碧巖에서 학도들을 위해 설두雪竇의 『송고백측頌古百則』을 제창하고 평창한 『벽암록碧巖錄』이 유명하다. 소흥 5년 8월, 73세로 입적하였으며, 시호는 진각 선사眞覺禪師이다.

[91] 원오 스님의 오종강요에 관한 아래 내용은 『인천안목』 권6(T48, 331a)에서 인용하였다.

[92] 조도鳥道 : 조동종에서 학인을 지도하는 방법인 삼로三路 중 하나. 삼로는 조도鳥道·현로玄路·전수展手이다. 새가 날아가듯 자유자재하고 자취를 남기지 않는 것을 조도라 한다.

[93] 현도玄途 : 현로玄路라고도 한다. 대립을 초월한 오묘한 경지로 인도하는 길이라는 뜻이다.

라면 조짐과 자취에 머물지 않고 승리의 깃발을 높이 휘날리면서 온갖 갈등을 잘라 버릴 것이다.

그렇다면 천 명의 군사는 쉽게 얻지만 한 명의 장수는 구하기 어려운 것이니, 풀숲에 들어가 사람을 찾고 한 가닥 길을 통과해야만 하리라. 심기가 발동하기 이전에 준칙이 있기에 헤아리려 들면 곧 어긋나고, 구절 아래에는 사사로움이 없기에 꿈쩍하면 소굴(窠臼)[94]이 된다. 신령스런 창에 보배로운 검을 들고서 노려보는 얼굴도 당당해야 하리니, 껍데기에 정체되어 자기 봉토가 어딘지도 모르는 자는 종초種草[95]를 감당할 수 없다.

**圓悟五家宗要**

全機大用。棒喝交馳。劒刃上求人。電光中垂手。臨濟。

北斗藏身。金風體露。三句可辨。一鏃遼空。雲門。

君臣道合。偏正相資。鳥道玄途。金針玉線。曹洞。

師資唱和。父子一家。明暗交馳。語默不露。潙仰。

聞聲悟道。見色明心。句裏藏鋒。言中有響。法眼。

五家改聲換調。展拓妙門。易俗移風。千方百面。盡向無中唱出。曲爲初機。若是俊流。不留朕迹。掀翻露布。截斷葛藤。然則千兵易得。一將難求。入草尋人。聊通一綿。機前有准。擬向即乖。句下無私。動成窠臼。靈鋒寶劒。覿面堂堂。滯殼迷封。不堪種草。

---

94 소굴(窠臼) : 고정된 틀과 격식에 갇혀 자기 살림살이로 삼는 것을 새나 짐승이 둥지를 트는 것에 비유한 표현이다.
95 종초種草 : 묘초苗草의 뜻으로 종문의 과업을 이을 만한 인재를 뜻한다.

잡록
雜錄

# 세 종류 사자[師子][96]에 관한 말씀[97]

부산 원감浮山圓鑑[98] 선사께서 대중에게 말씀하셨다.

"분양汾陽 스님께서 사자에 관해 말씀하신 적이 있다. 그 사자에 세 종류가 있다. 첫째는 종문을 초월한 기이한 안목을 갖춘 자(超宗異目), 둘째는 눈썹을 나란히 하고 함께 거니는 자(齊眉共躅), 셋째는 그림자와 메아리치는 음성만 들리는 자(影響音聞)이다. 만약 종문을 초월한 기이한 안목을 갖춘다면 이는 스승을 능가한 것이니, 종초種草라 할 수 있으며, 바야흐로 전수傳受를 감당할 수 있다. 만약 눈썹을 나란히 하고 함께 거닌다면 견해가 스승과 같은 것이니, 스승의 덕을 반감하는 것이다. 만약 그림자와 메아리치는 음성만 들린다면 여우처럼 세력에 의지하는 것이니, 축생과 뭐가 다르겠는가. 이런 까닭에 선덕께서 부촉하시기를, '서로 만나면 반드시 자세히 궁구하고 감정해야지 소홀해서는 안 된다. 뒷사람을 잘못 인가할까 염려스럽구나'라고 하셨다."

---

**96** 사자師子 : '師子'는 '獅子'와 같다. 참선하는 납자를 비유하는 말이다.
**97** 세 종류 사자에 관한 말씀에 관한 아래 내용은 『인천안목』 권2(T48, 307a)에서 인용하였다.
**98** 부산 원감浮山圓鑑(991~1067) : 중국 스님으로 법명은 법원法遠. 분양 선소汾陽善昭·대양 경현大陽警玄 등 70여 선지식을 참례하고, 섭현 귀성葉縣歸省의 법을 이었다. 후에 부산浮山에서 개산하여 임제의 종풍을 선양하였다. 또한 대양 경현의 법을 투자 의청投子義靑에게 전하여 조동종의 명맥을 잇게 하였다.

### 三種師子話

浮山圓鑑禪師示衆云。汾陽有師子句。其師子有三種。一超宗異目。二齊眉共躅。三影響音聞。若超宗異目。是過於師。可爲種草。方堪傳授。若齊眉共躅。見與師齊。減師半德。若影響音聞。野干倚勢。異類何分。所以先德付囑云。若當相見。切須子細窮勘。不得鹵莽。恐誤後人之印可也。

# 분양汾陽의 3구[99]

학인이 힘을 얻는 구절(學人着力句)은 가주嘉州에서 큰 코끼리를 때리는 것이니, 부처가 되더라도 본래 위치에서 움직이지 않는다.

학인이 몸을 바꾸는 구절(學人轉身句)은 섬부陝府에서 철우鐵牛를 씻는 것이니, 범부와 동일하지만 어떤 진로塵勞에도 오염되지 않는다.

학인에게 친절한 구절(學人親切句)은 서하西河에서 사자師子를 희롱하는 것이니, 자유자재로 처소에 따라 살아가는 것이다.

汾陽三句

學人着力句。嘉州打大象。成佛不動本位也。

學人轉身句。陝[1)]府灌鐵牛。同凡不染諸塵也。

學人親切句。西河弄師子。自在隨處得活也。

---

1) ㉠ '陝'은 '陝'의 오자이다. 『인천안목』에도 '陝'으로 되어 있다. 수정하여 번역하였다.

---

[99] 분양의 3구에 관한 아래 내용이 『인천안목』 권2 「분양삼구汾陽三句」(T48, 307b)에는 문답 형식으로 수록되어 있다.

## 암두巖頭의 네 가지 칼날을 감춤[100]

현상을 취해 칼날을 감춤(就事藏鋒)은 전체가 현상이다.
이치를 취해 칼날을 감춤(就理藏鋒)은 전체가 이치이다.
성취에 들어가 칼날을 감춤(入就藏鋒)은 이치와 현상이 함께하는 것이다.
성취를 벗어나 칼날을 감춤(出就藏鋒)은 이치와 현상이 사라진 것이다.

**巖頭四藏鋒**
就事藏鋒。全事也。就理藏鋒。全理也。入就藏鋒。理事俱也。出就藏鋒。理事泯也。

---

[100] 암두의 네 가지 칼날을 감춤에 관한 아래 내용은 『인천안목』 권6 「암두사장봉巖頭四藏鋒」(T48, 329b)에서 발췌하여 인용하였다.

## 육대 조사의 문답[101]

달마의 짚신 한 짝.

9년을 차갑게 앉았어도 알아보는 이 없었지만, 꽃잎 다섯 장 피어나니 온 세계에 가득한 향기.

이조의 한쪽 팔.

보라, 보라. 세 척이나 쌓인 눈. 사람의 모골을 시리게 하는구나.

삼조의 일신의 죄.

찾아도 찾을 수 없어라, 본래 어떤 흠도 없었네.

사조의 한 마리 호랑이.

씩씩한 위세 시방에 떨치고, 음성과 안광 우주를 뒤흔들었네.

오조의 한 그루 소나무.

경치를 자랑하려는 게 아니라 가풍을 웅장하게 하고 싶었다네.

육조의 가닥 디딜방아.

문빗장(關捩子[102])을 밟아 보아야 비로소 있는지 없는지를 안다네.

六祖問答

達摩一隻履。九年冷坐無人識。五葉花開遍界香。

二祖一隻臂。看看三尺雪。令人毛骨寒。

三祖一身罪。覓之不可得。本自無瑕纇。

四祖一隻虎。威雄震十方。聲光動寰宇。

五祖一株松。不圖標境致。且要壯家風。

六祖一張碓。踏着關捩子。方知有與無。

---

101 육대 조사의 문답에 관한 아래 내용은 『인천안목』 권6 「육조문답六祖問答」(T48, 331c)에서 인용되었으나 문장이 정확히 일치하지는 않는다.

102 관려자關捩子 : 문빗장으로서 핵심을 이루는 중요한 부분을 뜻한다.

# 열 가지 무無에 관한 문답[103]

무위의 나라.

베개를 높이 베니 복희伏羲의 세상이요, 노래 부르니 요순堯舜의 시절이로다.

눈금 없는 저울.

저울의 첫 눈금을 누가 판별할 수 있을까? 근斤과 냥兩이 매우 분명하구나.

뿌리 없는 나무.

봄의 힘을 빌리지 않고도 항상 우담발화를 피운다네.

밑 없는 발우.

집어넣으면 해와 달을 감추고, 풀어놓으면 하늘과 땅에 그득하지.

줄 없는 거문고.

지음[104]이 아니면 들을 수 없나니, 지음이 아니거든 연주하지 말라.

밑창이 없는 배.

흰 마름꽃 붉은 여뀌 가득한 언덕으로 부질없이 달빛만 싣고서 돌아온다네.

무생의 노래.

한 곡조 두 곡조에도 알아듣는 이 없고, 비 그친 한밤 제방에 가을 물만

---

103 열 가지 무無에 관한 문답은 『인천안목』 권6 「십무문답十無問答」(T48, 331c)에서 인용하였으나 문장이 정확히 일치하지는 않는다. 또한 『인천안목』에는 '무저람無底籃'까지 열 가지만 수록되어 있다. '무봉탑無縫塔'부터는 추가된 것이다.

104 지음知音 : 자신을 알아주는 벗. 춘추시대 거문고의 명인 백아伯牙가 높은 산에 뜻을 두고 연주를 하면, 친구인 종자기가 그 음악 소리를 듣고는, "멋지다. 마치 태산처럼 높기도 하구나.(善哉。峨峨兮若泰山。)"라고 평하였고, 흐르는 물에 뜻을 두고 연주를 하면, "멋지구나. 마치 강하처럼 넘실대는구나.(善哉。洋洋兮若江河。)"라고 평하였는데, 종자기가 죽고 나서는 백아가 더 이상 세상에 지음이 없다고 탄식하며 거문고 줄을 끊어 버린 고사가 전한다.

깊구나.

　구멍 없는 피리.

　하릴없이 한 곡조 불어 태평한 봄날을 함께 찬양하네.

　고리 없는 사슬.

　수갑을 풀어 주어도 손을 움직이기 어렵고, 걸어 채우면 바람도 통하지 않는다.

　밑 없는 바구니.

　네 개의 큰 바다를 담을 수 있고, 다섯 개의 수미산도 담을 수 있지.

　이음새 없는 탑.

　분명한 층층이 가파르고, 우뚝 선 그림자가 둥글둥글하구나.

　구명 없는 쇠망치.

　손이 천 개인 관음도 들지 못하는 것을 대수롭지 않게 집어 조사의 관문을 박살낸다.

### 十無問答

無爲國。高臥羲皇世。行歌堯舜時。

無星秤。之盤誰辨得。斥[1]兩甚分明。

無根樹。不假東皇力。常開優鉢花。

無底鉢。托來藏日月。放下貯乾坤。

無弦琴。除非只是知音聽。不是知音莫與彈。

無底舡。白蘋紅蓼岸。空載月明歸。

無生曲。一曲兩曲無人會。雨過夜塘秋水深。

無孔笛。等閑吹一曲。共賞太平春。

無鬚鎖。掣開難動手。合之不通風。

無底籃。能收四大海。包括五須彌。

無縫塔。分明層落落。屹立影團團。

無孔鎚。千手大悲提不起。等閑擊碎祖師關。

1) ㉠ '斥'은 '斤'의 오자이다. 『인천안목』에도 '斤'으로 되어 있다. 수정하여 번역하였다.

# 네 가지 이류異類【'이異'는 차별이 없는 것이고, '유類'는 차별이다.】

왕래하며 성품이 항상 윤회하는 것을 '유類'라 하고, 성품을 스스로 잃어버리지 않는 것을 '이異'라 한다.

보살의 형상이 육도 중생과 비슷한 것을 '유'라 하고, 스스로는 윤회하는 중생과 같지 않은 것을 '이'라 한다.

사문이 털을 덮어쓰고 뿔을 다는 것을 '유'라 하고, 변하지 않음을 분명히 얻는 것을 '이'라 한다.

종문의 일체 언어를 '유'라 하고, 지혜로 도달하지 못하는 곳을 '이'라 한다.

**四異類**【異則無差別。類則差別。】
往來性常輪廻。名爲類。性不自失。名爲異。
菩薩形似六道衆生。名爲類。自己不同輪廻。名爲異。
沙門披毛戴角。名爲類。明得不變易。名爲異。
宗門一切言語。名爲類。智不到處。名爲異。

## 조주趙州의 삼문三門【누구의 게송인지 정확치 않다.[105]】
趙州三門【未詳誰頌】

### 문수의 면목
文殊面目

| | |
|---|---|
| 문수의 모습 말해 보자면 | 若謂文殊貌[1] |
| 어느 길에서건 아첨하질 않나니 | 頭頭路不阿 |
| 동쪽 숲은 푸르고 울창하며 | 東林靑鬱密 |
| 남쪽 산은 시퍼렇게 치솟았구나. | 南岳碧嵯峨 |
| 하늘 끝에는 허공에 매달린 달 | 天際懸空月 |
| 뜰에는 비에 젖은 향부자 | 庭中帶雨莎 |
| 다시 현묘한 모습 찾는다면 | 更尋玄妙相 |
| 화살은 이미 신라를 지났느니라. | 箭已過新羅 |

1) ㉑ '若謂文殊貌'가 『오가종지찬요』에는 '若問文殊戶'로 되어 있다.

### 관음의 미묘한 노래
觀音妙唱

| | |
|---|---|
| 원통의 빗장을 두드리려 하지만 | 欲叩圓通戶 |
| 원통의 문은 닫힌 적 없나니 | 圓通戶不封 |
| 성곽 누각에선 새벽 나팔 울리고 | 城樓鳴曉角 |

---

105 『오가종지찬요五家宗旨纂要』권중(X65, 276b)에 이와 유사한 게송이 소개되어 있으나 정확히 일치하지는 않는다. 또한 『오가종지찬요』에서는 이를 동종洞宗, 즉 조동종의 삼해탈문三解脫門이라 하였다.

| | |
|---|---|
| 산마루 절집에선 저녁 종이 이는구나. | 岳寺起昏鍾 |
| 학의 울음이 어울리는 맑은 밤 | 鶴唳當淸夜 |
| 샘물소리 쏟아내는 푸른 봉우리 | 泉聲瀉碧峯 |
| 자비로우신 마음 넓고 광대하니 | 悲心咸普牀 |
| 어느 곳인들 함께하지 않았던가. | 何處不相從 |

### 보현의 미묘한 작용
普賢妙用

| | |
|---|---|
| 보현을 알아보는 법을 말하자면 | 若謂識普賢 |
| 아찔한 산 본래 치솟은 적 없건만 | 嵯峨本不懸 |
| 넝쿨을 잡고서 꼭대기에 오르고 | 蘿攀登絕頂 |
| 병을 들고서 상서로운 연꽃을 꺾는다. | 瓶挈採祥蓮 |
| 시골 늙은이 관솔불 밝히고 | 野老燈松火 |
| 산골 아이 달빛 샘물 길으며 | 山童汲月泉 |
| 마음대로 쓰면서도 깨닫지를 못해 | 縱橫如未曉 |
| 얼굴 마주하고도 큰 산이 가로막은 듯. | 對面隔重巓 |

관북關北 학성관鶴城舘 석왕사釋王寺 간행.

선문오종강요 1부.

명주明州 송덕사松德寺 강사 : 설담 영률雪潭靈律, 덕명德明, 벽연碧衍, 계원戒圓.

모연을 도운 사람 : 이억춘李億春과 아내 삼월三月, 이수만李壽萬, 김차빈金次彬과 아내 강씨姜氏, 승려 정인正仁, 이운강李雲江과 아내 남산댁, 허태귀許太貴, 김성정金聖鼎.

별좌別座 : 명찰明察.

각수刻手 : 신위信位, 법령法玲, 위연偉演.

숭정 기원후 두 번째 기사년(1749, 영조 25).


關北鶴城舘釋王寺刊。

禪門五宗綱要一部。

明州松德寺講師。雪潭靈律。德明。碧衍。戒圓。

募緣用助。李億春。女三月。李壽萬。金次彬。女姜氏。僧正仁。李雲江。女南山臺。許太貴。金聖鼎。

別座明察。

刻手信位。法玲。偉演。

崇禎紀元後再己巳識。

# 찾아보기

가섭迦葉 / 23
가주嘉州에서 큰 코끼리를 때리는 것 / 87
가짜를 바치는 것(貢假) / 42
갈등葛藤 / 25, 47
감이鑑咦 / 52
거두는 것(收) / 82
견삼루見滲漏 / 16, 74
견처見處 / 28, 68
겸중도兼中到 / 16, 64, 65
겸중지兼中至 / 16, 62, 63
경계는 빼앗고 사람은 빼앗지 않는 것(奪境不奪人) / 36
경계를 남겨 둔 것 / 37
경계를 빼앗은 것 / 37
『경덕전등록景德傳燈錄』 / 28, 36
계원戒圓 / 13, 96
고감이顧鑑咦 / 15, 52
고리 없는 사슬 / 90
고창구행敲唱俱行 / 16
고행을 닦으시다 / 58, 59
고험허실방考驗虛實棒 / 44
공공功 / 60, 66
공겁空劫 밖 / 55
공겁空劫 이전 / 55
공공共功 / 62, 63, 66, 70
공공功功 / 64, 65, 66, 71
공공시共功時 / 16, 66, 70

공공시功功時 / 16, 66, 71
공들임이 없는 공(無功之功) / 69
공시功時 / 16, 66, 69
공훈오위功勳五位 / 16, 56, 66
공훈을 성취하는 공功 / 71
관려자關捩子 / 89
관문(關) / 49
관음의 미묘한 노래 / 94
관조 / 30, 33
관조와 활용 / 32
관조와 활용이 동시가 아닌 것(照用不同時) / 40, 41
관조와 활용이 동시인 것(照用同時) / 40, 41
광대한 행을 실천하다 / 58, 59
괭이를 내려놓을 때(放下钁頭時) / 16, 69
괴상壞相 / 81
교승敎乘 / 57
구句 / 32
구멍 없는 쇠망치 / 90
구멍 없는 피리 / 90
구쇄현로鉤鎖玄路 / 16
구중현句中玄 / 14, 30
구화漚和 / 29
군신오위君臣五位 / 16, 56, 71
군신합君臣合 / 16
군위君位 / 16
군향신君向臣 / 16
그림자와 메아리치는 음성만 들리는 자(影響音聞) / 85

찾아보기 • 97

극부克符 상좌 / 15, 36
근기를 맞이하여 망정을 쓸어 없애고자 바른 이치에 따라 때리는 방(接掃從正) / 44
근본지根本智 / 57
금강왕보검金剛王寶劍 / 14, 27, 42
금산사金山寺 / 11
금시今時 / 65, 71, 73
기신紀信 / 41
기용제시機用齊施 / 14
김성정金聖鼎 / 96
김차빈金次彬 / 96
끊어 버림을 증득한 것(證斷) / 82

나암懶庵 / 12
나오지 않는 내생內生 / 64
나옹 혜근懶翁惠勤 / 11, 12
남악 문하 / 24
남악 회양南岳懷讓 / 23, 24, 51
남원 혜옹南院慧顒 / 15, 37
낭야 혜각瑯琊慧覺 / 15, 40
네 가지 이류異類 / 93
네 가지 큰 법식 / 42
눈금 없는 저울 / 90
눈썹을 나란히 하고 함께 거니는 자(齊眉共躅) / 85
눈에 나타난 기機로써 수와 냥을 짐작(目機銖兩) / 48, 49
눈으로 훑어보다(顧) / 52
눈이 밝은 것(明) / 82
눈이 어두운 것(暗) / 82

다섯 갈래(五派) / 23
다자탑多子塔 / 23
단상斷常의 견해 / 81
단하 자순丹霞子淳 / 70
달마達磨 / 32
달마의 짚신 한 짝 / 89
달마達摩처럼 모른다고 하는 부류 / 42
『담주위산영우선사어록潭州潙山靈祐禪師語錄』/ 78
대과大果를 증득하다 / 60, 61
대기大機 / 31
대기가 원만히 응하는 것(大機圓應) / 31
대기와 대용이 가지런히 행해지는 것(機用齊施) / 31
대기원응大機圓應 / 14
대기大機의 용用 / 31
대양 명안大陽明安 / 16, 73
대용大用 / 31, 59, 76
대용이 완전히 드러나는 것(大用全彰) / 31
대용大用의 기機 / 31
대용전창大用全彰 / 14
대처大處로 돌아가다 / 64
대총지大摠持 / 33
대혜 종고大慧宗杲 / 14, 15, 18, 34, 37
덕명德明 / 13, 96
덕산 연밀德山緣密 / 15
덕소 국사德韶國師 / 82
덕소 국사德韶國師의 사료간四料揀 / 82
『도서都序』/ 10
도에 들어가는 첫 번째 문 / 56
도창사道昌寺 / 25
동산 양개洞山良价 / 16, 66, 74, 76

동산洞山의 삼강요三綱要 / 16
동산洞山의 세 가지 삼루(三種滲漏) / 16, 74
동산이 주창한 세 가지 강요綱要 / 76
동상同相 / 81
두 종(兩宗) / 23
등각等覺의 후득지後得智 / 61
따끔하게 나무라는 방(苦責) / 45
떨쳐 버려라(咦) / 52

마음뿐임을 밝히다 / 80
마조馬祖 / 31
말후구末後句를 투과하여 법신에도 머물지 않다 / 60, 61
맹가할련방盲枷瞎煉棒 / 45
먼저 관조하고 뒤에 활용하는 것(先照後用) / 40, 41
먼저 활용하고 뒤에 관조하는 것(先用後照) / 40, 41
명령을 위반하고 현지를 거스를 때 때리는 방(觸令返玄) / 43
모운 진언慕雲震言 / 10
묘희妙喜 / 29
무공적無孔笛 / 18
무공추無孔鎚 / 18
무근수無根樹 / 18
무봉탑無縫塔 / 18
무생곡無生曲 / 18, 90
무성칭無星秤 / 18
무수쇄無鬚鏁 / 18
무위無爲 / 49

무위국無爲國 / 18, 90
무저람無底籃 / 18
무저발無底鉢 / 18
무저선無底船 / 18
무착無着 / 29
무현금無弦琴 / 18
묵론默論 / 79
문문聞聞 / 17, 82
문불문不聞 / 17, 82
문빗장(關捩子) / 89
문수文殊 / 81
문수의 면목(文殊面目) / 94
문양 없는 도장(無文印) / 32
문정왕후 / 12
물고기를 유인하는 풀 / 42
물러나 비밀스러운 곳에 자취를 감추다 / 64
물소가 되는 것 / 73
미륵彌勒의 누각 / 61
미세유주微細流注 / 79
밑 없는 바구니 / 90
밑 없는 발우 / 90
밑창이 없는 배 / 90

ㅂ

바른 지각(正知覺) / 34
반야般若의 덕 / 60
받듦(奉) / 59
밥 먹는 때(喫飯時) / 16, 68
방편(權) / 29, 30, 55
방편과 진실 / 32
방편문 / 33

배반할 때(背時) / 16, 68
백련사白蓮寺 / 12
백비百非 / 65, 78
『백장청규百丈淸規』 / 31
백장 회해百丈懷海 / 31, 33
백파 긍선白坡亘璇 / 9, 19
범부와 성인을 쓸어 없애는 방(掃除凡聖) / 45
법령法玲 / 96
법륜을 굴리시다 / 62, 63
법보시(法檀度) / 63
법안 문익法眼文益 / 17, 80
법안종法眼宗 / 9, 17, 24, 80, 83
법을 설해 중생을 이롭게 하다 / 62, 63
『벽암록碧巖錄』 / 83
벽연碧衍 / 13, 96
별상別相 / 81
병주并州와 분주汾州 / 37
『보경삼매본의寶鏡三昧本義』 / 14, 16, 24, 56
보안 도普安道 / 50
보현보살普賢菩薩 / 59, 81
보현의 미묘한 작용 / 95
본분本分 / 42
본사本師 / 59, 61, 63, 64
봄이라는 인연에 의지하지 않는다(不涉春緣) / 48, 49
봉奉 / 58, 59, 66
봉사나 애꾸의 도리깨질 같은 방(盲枷瞎) / 45
봉시奉時 / 16, 66, 68
봉암사 / 10
부산 원감浮山圓鑑 / 17, 85
부수어 버린다(破) / 49

부처님의 법인法印 / 32
북치고 노래하기를 동시에 행한다(敲唱俱行) / 76
북해 함월北海涵月 / 25
분양 선소汾陽善昭 / 15, 17, 39, 85
분양의 3구(汾陽三句) / 17, 87
불공不共 / 71
불과佛果 / 63
불문문不聞聞 / 17, 82
불문불문不聞不聞 / 17, 82
불타성범不墮聖凡 / 16
비로자나 / 33
비밀장秘密藏 / 64
빈주賓主 / 14, 27
빈중빈賓中賓 / 15
빈중주賓中主 / 15
뿌리 없는 나무 / 90

4구 / 78, 65
사대식四大式 / 15, 42
사라쌍수 / 23
사람과 경계 둘 다 빼앗는 것(人境兩俱奪) / 36
사람과 경계 모두 빼앗지 않는 것(人境俱不奪) / 36
사람은 빼앗고 경계는 빼앗지 않는 것(奪人不奪境) / 36
사람을 남겨 둔 것 / 37
사람을 빼앗은 것 / 37
사료간四料揀 / 15, 17, 36, 38, 82
사문의 과果 / 60

사문의 이류異類 / 62
사빈주四賓主 / 15, 39, 43
사시四時의 운행 / 49
사장봉四藏鋒 / 17
사조용四照用 / 15, 40
사조의 한 마리 호랑이 / 89
사할四喝 / 15, 42
산승山僧처럼 이해하지 못하는 부류 / 42
살殺과 활活 / 24
살림(活) / 23
살인검殺人劒 / 23
살펴보라(鑑) / 52
살활동시殺活同時 / 23
3구 / 15, 31, 46, 48, 50, 51, 53, 83
3구의 명칭 / 50
삼루滲漏 / 75
삼요三要 / 14, 27, 28, 30, 31, 32
삼요의 도장(三要印) / 32, 33, 34
삼조의 일신의 죄 / 89
삼종생三種生 / 17, 79
삼타三墮 / 16, 73
삼현三玄 / 14, 27, 30, 31, 33, 42, 43, 46
상봉 정원霜峯淨源 / 10
상사上士 / 34
상생想生 / 17, 79
상생相生 / 17, 79
색을 얻을 수 없을 때(不得色時) / 16
서하西河에서 사자師子를 희롱하는 것 / 87
석불 충石佛忠 / 17, 79
석왕사釋王寺 / 12, 26, 96
『선가귀감禪家龜鑑』 / 9, 14, 15, 16, 17, 18, 27, 39, 40, 41, 42, 47, 55, 78
『선문강요집禪門綱要集』 / 9, 29, 31, 32

『선문오종강요사기禪門五宗綱要私記』 / 9, 19
「선문오종강요 서문」 / 23
선용후조先用後照 / 15
선재 / 59, 61
선조후용先照後用 / 15
설담 영률雪潭靈律 / 13, 96
섬부陝府에서 철우鐵牛를 씻는 것 / 87
성상成相 / 81
성요省要의 요要 / 32
성인과 범부에 떨어지지 않는다(不墮聖凡) / 76
성취를 벗어나 칼날을 감춤(出就藏鋒) / 88
성취에 들어가 칼날을 감춤(入就藏鋒) / 88
성취하는 과정의 공(就中功) / 61, 71
세 가지 강요綱要 / 76
세 가지 삼루滲漏 / 74
세 가지 요간料揀 / 37
세 개의 관문(三關) / 49
세 마디 전어(三轉語) / 54
세 종류 사자에 관한 말씀(三種師子話) / 85
세 종류의 스승과 제자 / 17
소굴(窠臼) / 84
소리와 빛깔을 끊지 않는 것 / 74
소림少林에서처럼 면벽面壁하는 부류 / 42
소제범성방掃除凡聖棒 / 45
손님 / 42
손님 가운데 손님(賓中賓) / 39
손님 가운데 주인(賓中主) / 39
손님과 주인 / 42
『송고백측頌古百則』 / 83
송덕사松德寺 / 13, 96
쇠사슬과 같은 현묘한 길(鉤鎖玄路) / 76
수뢰와 냥兩 / 49

수처타隨處墮 / 16, 74
수파축랑隨波逐浪 / 15, 48
수행의 극칙極則 / 58
숨어 사는 말생末生 / 60, 61
스승에게서 계승한 콧구멍 / 42
승리의 깃발(露布) / 47
식심識心 / 70
식정(망정) / 38
신륵사神勒寺 / 11
신묘하게 작용하는 화생化生 / 62, 63
신위臣位 / 16, 96
신하(臣) / 71
신하가 임금을 향함(臣向君) / 62, 72
신하의 지위 / 58
신향군臣向君 / 16
쌍으로 거두는 것 / 76
쌍으로 풀어놓는 것 / 76

암기暗機 / 79
암두巖頭 / 17
암두巖頭의 네 가지 칼날을 감춤 / 88
앙산 혜적仰山慧寂 / 78
양기파楊岐派 / 19
양일하梁一廈 / 12, 25
어삼루語滲漏 / 16, 75
언구言句의 구 / 32
열 가지 무(十無) / 18
열 가지 무無에 관한 문답 / 90
『열반경』 / 10
열반에 드시다 / 64
『염송拈頌』 / 10

영산회상 / 23
『오가종지찬요五家宗旨纂要』 / 43, 44, 45, 71, 94
오묘한 작용(妙用) / 75
52위의 공훈功勳 / 59
오위五位 / 55
오조의 한 그루 소나무 / 89
오종강요五宗綱要 / 17, 19, 24, 83
오추마烏騅馬 / 41
온갖 잡동사니를 늘어놓은 가게(雜貨鋪) / 23
『완릉록宛陵錄』 / 31
왕궁에 강림하시다 / 56, 57
왕자오위王子五位 / 56
요要 / 32
용用 / 40, 49
용중현用中玄 / 30
용할用喝 / 42
운문雲門 / 24, 48, 50, 52, 53
운문삼구雲門三句 / 24
운문의 검 / 52
운문의 3구(雲門三句) / 15
운문종雲門宗 / 9, 15, 47, 83
원명 밀원明密 / 48, 50
원상圓相 / 79
원오 극근圓悟克勤 / 17, 19, 34, 83
월담 설제月潭雪霽 / 10
월 선객月禪客 / 14
위산 영우潙山靈佑 / 78
위앙종潙仰宗 / 9, 17, 24, 78, 83
위연偉演 / 96
위음왕불威音王佛 / 33, 55
유類 / 93
유주생流注生 / 17, 79

유현幽玄의 현 / 32
육대 조사의 문답 / 89
육도六塗 / 63
육상六相 / 81
육상의六相義 / 17, 81
육조의 가닥 디딜방아 / 89
육조 혜능慧能 / 9
율려律呂 / 59
『음부경陰符經』/ 49
음식을 받는 것(受食) / 73
음식을 받지 않는 것(不受食) / 73
응함을 증득한 것(證應) / 82
의어意語 / 79
의중현意中玄 / 30
의해義海 / 79
이異 / 93
이류異類 / 18
이류타異類墮 / 16, 73
이상異相 / 81
이수만李壽萬 / 96
이억춘李億春 / 96
이음새 없는 탑 / 90
이인좌李麟佐의 난 / 11
이조의 한쪽 팔 / 89
이理 · 지智 · 단斷 · 응應 / 82
이치를 증득한 것(證理) / 82
이치를 취해 칼날을 감춤(就理藏鋒) / 88
이치와 현상을 섭렵하지 않는다(不涉理事) / 76
인경구불탈人境俱不奪 / 15
인경양구탈人境兩俱奪 / 15
인순종승방印順宗乘棒 / 44
인재人材 / 49
『인천안목人天眼目』/ 9, 14, 15, 17, 18,
19, 27, 28, 30, 36, 38, 39, 40, 43,
48, 52, 74, 79, 81, 83, 87, 88, 90, 92
1구 / 49, 50
일대사를 밝게 드러내다 / 56, 57
일색一色 / 70
일자관一字關 / 15, 52, 53
일척안一隻眼 / 57
임금(君) / 71
임금과 신하가 합함(君臣合) / 64, 72
임금의 지위 / 56
임금이 신하를 봄 / 60
임금이 신하를 향함(君向臣) / 72
임제臨濟 / 15, 24, 28, 29, 30, 31, 36, 37
『임제록』/ 30, 36
임제의 3구(臨濟三句) / 14
임제의 종풍 / 46
임제종臨濟宗 / 9, 14, 19, 83
『임제혜조선사어록臨濟慧照禪師語錄』/ 28
입취장봉入就藏鋒 / 17

자해字海 / 79
작가作家 / 34
작가作家를 찾아뵙다 / 58, 59
잡록雜錄 / 17
전도된 망상 / 58
『전법심요傳法心要』/ 31
전신어轉身語 / 73
절단截斷을 밝히다 / 47
절단중류截斷衆流 / 15, 48
『절요節要』/ 10

접기종정방接機從正棒 / 44
정각을 이루시다 / 60, 61
정正과 편偏 / 76
정삼루情滲漏 / 16, 75
정실 소생의 탄생 / 56, 57
정위正位 / 55, 71
정인正仁 / 96
정중래正中來 / 16, 60, 61
정중편正中偏 / 16, 56, 58, 72
제바종提婆宗 / 53
제3구 / 28, 29, 34, 35
제3처 전심 / 23
제2구 / 28, 33, 34
제2처 전심 / 23
제1구 / 28, 32, 33
제1처 전심傳心 / 23
조조照 / 40
조계曹溪 / 23
조도鳥道 / 83
조동曹洞 / 24
조동오위 / 14
조동종曹洞宗 / 9, 16, 55, 70, 83
조사의 심인心印 / 32
조산 본적曹山本寂 / 16, 73
조산曹山의 삼타三墮 / 73
조생朝生 / 59
조용동시照用同時 / 15, 31
조용부동시照用不同時 / 15
조주趙州 / 18
조주趙州의 삼문三門 / 94
존귀타尊貴墮 / 16, 73
『종경록』 / 81
종문을 초월한 기이한 안목을 갖춘 자(超宗
  異目) / 85

종문宗門의 이류異類 / 64
『종문현감도宗門玄鑑圖』 / 43, 44, 45
종승宗乘 / 30
종지에 순응할 때 때리는 방(順宗旨) / 44
종초種草 / 84, 85
주인 / 42
주인 가운데 손님(主中賓) / 39
주인 가운데 주인(主中主) / 39
주중빈主中賓 / 15
주중주主中主 / 15
죽임(殺) / 24
줄 없는 거문고 / 90
중사中士 / 34
지위 가운데에서의 공(位中功) / 71
지의 화상紙衣和尙 / 36
지혜를 증득한 것(證智) / 82
직지사直指寺 / 10
진공眞空 / 72
진금만 파는 가게(眞金鋪) / 24
진실(實) / 29, 30
진정 천책眞靜天頙 / 9
『진주임제혜조선사어록鎭州臨濟慧照禪師語
  錄』 / 28

창蒼 / 33
『천경집天鏡集』 / 25
『천성광등록天聖廣燈錄』 / 50
천태 덕소天台德韶 / 17, 51
청산 수靑山叟 / 15, 24, 49
청원 문하 / 24
청원 행사淸源行思 / 24

청풍清風 / 29, 32, 33, 34
청허 휴정清虛休靜 / 9, 10, 14, 15, 16, 17, 18
체體 / 49
체體와 용用 / 49
체와 용을 밝히다 / 78
체중현體中玄 / 14, 30
체할體喝 / 42
초주初住 / 59
초지 보살 / 81
총總·별別·동同·이異·성成·괴壞 / 17, 81
총상總相 / 81
최고의 이익(正利) / 42
추고抽顧 / 15, 52
출취장봉出就藏鋒 / 18
취리장봉就理藏鋒 / 17
취모검吹毛劍 / 53
취사장봉就事藏鋒 / 17

콧구멍(鼻孔) / 39
크게 마음을 일으키다 / 56, 57
큰 그물을 찢다 / 62, 63

탈경불탈인奪境不奪人 / 15
탈인불탈경奪人不奪境 / 15
탐색하는 간짓대 / 42
태극太極의 원기元氣 / 49

파릉 호감巴陵顥鑑 / 16, 53
팔방八棒 / 15, 43, 46
편양 언기鞭羊彦機 / 10
편위偏位 / 55, 72
편정오위偏正五位 / 16, 56
편중정偏中正 / 16, 58, 59, 72
평상平常 / 42
풀어놓는 것(放) / 82
풍담 의심楓潭義諶 / 10
풍 법사風法師 / 14
풍혈 연소風穴延沼 / 15, 37, 38
피안에 도달한 지혜(到彼岸智) / 61

하늘 한가운데(天中) / 48, 49, 50
하사下士 / 34
하下·중中·상上·출격出格 네 종류 근기의 사람 / 36
학인에게 친절한 구절(學人親切句) / 87
학인이 몸을 바꾸는 구절(學人轉身句) / 87
학인이 힘을 얻는 구절(學人着力句) / 87
학인전신구學人轉身句 / 17
학인착력구學人着力句 / 17
학인친절구學人親切句 / 17
한 구절(一句) / 48
한 발의 화살(一鏃) / 49, 50
함개건곤㘞盖乾坤 / 15, 48
함과 뚜껑 같은 건과 곤(㘞盖乾坤) / 48, 49
함께 아우른다(兼帶) / 72
함께하지 않는 공(不共之功) / 70

함께하지 않을 때(不共時) / 16, 71
함월 해원涵月海源 / 9, 12
항우項羽 / 41
해인사 / 10
행호行乎 / 12
향向 / 56, 57, 66
향상向上을 밝히다 / 55
향시向時 / 16, 66, 68
허와 실을 점검하려고 때리는 방(有虛實) / 44
허응 보우虛應普雨 / 12
허태귀許太貴 / 96
현玄 / 32, 33, 34
현玄과 요要 / 34
현도玄途 / 83
현묘한 기틀(玄機) / 75
현묘함에 묶여 바른 이치를 손상할 때 때리는 방(靠玄傷正) / 44
현상을 취해 칼날을 감춤(就事藏鋒) / 88
현중현玄中玄 / 14, 30

형계荊溪 / 16, 24
호월(月) / 32, 33, 34
홍계희洪啓禧 / 10
화산 무은禾山無殷 / 42
화산禾山처럼 북을 두드리는 부류 / 42
화생化生 / 63
『화엄경華嚴經』 / 10, 81
화엄법회華嚴法會 / 11
화엄종 / 10
「환성 대사 비명喚惺大師碑銘」 / 10
환성 지안喚惺志安 / 9, 24
환성파喚惺派 / 12
「환성 화상 행장喚惺和尙行狀」 / 10
활용 / 30, 33
활인도活人刀 / 23
황벽 희운黃薜希運 / 31
회암 지소晦巖智昭 / 9, 14, 19
후실 소생의 조생朝生 / 58, 59
흐름을 끊는 근기(截流機) / 2

# 환성시집
| 喚惺詩集\* |

문인 성눌\*\* 편록
門人 聖訥編錄

---

\* ㉾ 저본은 건륭乾隆 신미년(1751, 영조 27) 안변安邊 석왕사釋王寺 개간본이다.(서울대학교 소장) 동일한 판본이 동국대학교 중앙도서관에 소장되어 있다. 동국대 소장본(D218.081.지61ㅎ3)은 광흥사廣興寺 기증본인데, 마지막 장(「門庭目錄」, 간기 부분)이 누락되어 있다.

\*\* ㉾ 성눌聖訥(1690~1763) : 조선 후기 스님으로 호는 화월華月 또는 부암斧巖, 속성은 이씨李氏이고, 평강 출신이다. 14세에 평강 보월사寶月寺의 옥심玉心에게 출가하여 연운 탄규燕雲坦圭에게 수학하였으며, 여러 선지식을 참례한 후 환성喚惺의 법을 이었다. 만년에 보월사에 은거하다 영조 39년에 나이 74세, 법랍 60년으로 입적하였다.

# 환성시집喚惺詩集 해제

성 재 헌
한국불교전서 번역위원

## 1. 개요

이 책은 조선 후기 숙종~영조 초에 활동한 환성 지안喚惺志安(1664~1729)의 시문집이다.

## 2. 저자

대사의 행적은 「환성 화상 행장喚惺和尙行狀」과 홍계희洪啓禧가 찬한 「환성 대사 비명喚惺大師碑銘」에 전한다. 『환성시집』에 수록된 행장에 근거해 대사의 행적을 정리하면 다음과 같다.

화상의 법명은 지안志安이고, 자는 삼낙三諾이며, 환성喚惺은 호이다. 속성은 정씨鄭氏이다. 1664년(현종 5) 6월 10일에 춘천春川에서 태어났다. 15세에 출가하여 용문산龍門山의 상봉 정원霜峯淨源(1621~1709)에게서 구족계를 받았고, 17세에는 월담 설제月潭雪霽(1632~1704)에게 입학하여 법을 이었는데, 상봉과 월담은 모두 풍담 의심楓潭義諶(1592~1665)의 제자이다. 풍담 화상은 청허 휴정清虛休靜(1520~1604) 대사의 제자인 편양 언기鞭羊彦機(1581~1644)의 법을 이었으므로 환성 대사는 곧 청허의 5대손이 된다.

상봉 대사는 해인사에서 『열반경』 등 3백여 부의 경전에 토를 달고, 봉암사에서 『도서都序』와 『절요節要』 등에 과문科文을 지을 만큼 교학에 해박한 분이었으며, 특히 『화엄경』에 정통했던 것으로 유명하다. 월담 대사 역시 뛰어난 선승이면서 『화엄경』과 『염송拈頌』에 해박했던 것으로 알려져 있다. 이로 보아 환성 대사는 당시 교教와 선禪의 최고봉들에게 수학하는 천운을 누렸으며, 일찍부터 발군의 기량을 발휘했던 것으로 추정된다. 1690년(숙종 16) 행각을 떠난 대사가 직지사直指寺에서 명성을 드날리던 화엄종의 모운 진언慕雲震言(1622~1703)을 찾아뵈었을 때, 모운 대사는 그의 역량을 한눈에 알아보고 곧바로 강석을 물려주었다. 당시 그의 나이는 불과 27세였다.

대사는 한곳에 오래 거주하지 않고 전국 각지를 편력하며 선과 교를 함께 선양하였고, 폐사를 중수하며 중창하는 데 앞장섰다. 대사가 거주했던 대표적 사찰만 열여덟 곳이고, 호남의 사찰은 그 발길이 미치지 않은 곳이 없을 정도였으며, 가는 곳마다 법회가 성황을 이루었다고 한다. 당시의 모습을 제자 함월은 다음과 같이 기록하고 있다.

"거처는 일정하지 않았으나 가는 곳마다 법려法侶들이 문정門庭에 가득 찼으니, 교의를 논하면 아득히 넓은 것이 만 이랑의 파도가 이는 듯하였고, 선지를 굴리면 높고 우뚝한 것이 천 길 절벽과 같았다. 지금 해내海內에 선을 희롱하고 교에 통달한 자들은 다 선사의 풍격이니, 이른바 전단梅檀을 옮겨 심으면 다른 물건에서도 같은 향기가 난다는 것이다."

특히 1724년(영조 1) 봄 금산사金山寺에서 개설한 화엄법회華嚴法會에는 천백여 명의 대중이 운집해 영산회상과 기원정사를 방불케 했다는 것으로 보아 당시 피폐의 나락으로 치달리던 불교계가 그에게 걸었던 기대를 짐작할 수 있다. 그러나 영호남 불교계의 새로운 구심점으로 떠오른 대사가, 불교 세력의 규합을 두려워한 유생들에게는 지탄의 대상이 되었다. 결국 대사는, 1724년 금산사에서 가진 화엄법회가 무신년(1728, 영조 4)에 일어난 이인좌李麟佐의 난에 연루되었다는 죄명으로 1729년(영조 5) 지리산에서 체포되어 호남의 옥에 갇혔다. 얼마 후 무죄가 입증되어 풀려났지만 지역 관리들의 끊임없는 상소로 결국 제주도로 유폐되었고, 제주도에 도착한 지 7일 만인 1729년 7월 7일에 병사하였다.

"입적하던 날 산이 울고 바다가 들끓어 사흘 동안 그치지 않았다."라는 제자 함월의 표현처럼 환성 대사의 죽음은 억울하고 원통한 일이었으며, 꺼져 가는 불씨를 되살릴 기회를 놓쳐 버린 안타까운 사건이었다. 당시 환성을 흥법興法의 구세주로 여겼던 흔적은 행장 곳곳에서 발견된다. 그 중 하나는 꿈속에서 나옹 혜근懶翁惠勤 스님으로부터 "수미산을 걸머지고 큰 바다를 건널 수 있으니, 큰 교화의 문을 열어 수풀 속으로 들어가라."라는 말씀을 직접 들었다는 기사이다. 나옹 스님은 고려 말 회암사檜巖寺를 중창해 그곳을 중심으로 불법의 흥륭을 시도하셨던 분이다. 왕을 비롯한 수많은 민중들이 생불生佛로 받들며 나옹에게 결집되자 이를 두려워한 세력들이 그를 모함해 결국 여주 신륵사神勒寺에서 살해하고 말았다. 이후 피폐의 나락을 걷던 조선 불교계에서 나옹 화상은 불법 재건의 표상과 같은 분으로 추앙되었다. 태종과 세종의 총애를 받으며 백련사白蓮寺를 재건하는 등 불법의 흥륭을 시도했던 행호行乎(?~?, 15세기 활동)가 스스로 나옹 화상의 후신임을 자처했고, 문정왕후의 적극적 후원을 받았던 허응 보우虛應普雨(?~1565) 역시 호를 나암懶庵이라 하며 나옹의 계승자임을 자처했던 것도 이와 무관하지 않다. 또 "세 분의 성인이 입적하시는 곳"이라는 제주도의 전설에서 허응 보우와 대사를 연계시킨 것 역시 이런 사실을 입증하고 있다. 함월은 다음과 같이 기술하였다.

"중국의 정법보살正法菩薩이 그곳에서 열반하였고, 백 년 뒤에 다시 동국의 허응 대사가 그곳에서 입적하였으며, 그 뒤 우리 화상이 그곳에서 입적하였으니, 참으로 기이하고 기이한 일이다."

보우 대사는 문정왕후의 후원으로 명종明宗 때 선교양종禪敎兩宗과 승과 僧科를 부활시켜 불법의 중흥을 모색했었고, 유생들의 견제와 모함으로 제주도에 유배되어 목사 변협邊協에 의해 살해당했던 분이다. 이런 추정 자료뿐 아니라 환성파喚惺派라 불릴 만큼 큰 세력을 형성해 조선 후기 불교의 선도자로 활약한 많은 제자들만 보더라도 역사와 세월 속에 묻혀 버린 그의 활약상을 어느 정도는 짐작할 수 있다. 환성 대사의 저서로는 『선문오종강요』 1권과 『환성시집』 1권이 전한다.

### 3. 서지 사항

『환성시집』은 대사가 입적하고 22년 뒤인 1751년(영조 27) 5월에 제자 함월 해원을 비롯한 여러 문도들에 의해 안변安邊 석왕사釋王寺에서 간행되었다. 시집 말미 「문정목록門庭目錄」에는 취진 처림醉眞處林을 비롯한 36인의 입실 제자의 명단이 기록되어 있다. 본 번역서의 대본은 서울대학교가 소장하고 있는 건륭乾隆 신미년(1751, 영조 27) 안변 석왕사 간행본이다.

### 4. 내용과 성격

이 책은 시 144편과 제자 함월 해원涵月海源(자는 天鏡, 1691~1770)이 쓴 「환성 화상 행장」으로 구성되어 있다. 환성의 시는 함께 생활했던 스님들과 주고받은 시, 이별하며 지은 시, 여행하며 감상한 물상을 읊은 시, 심회를 읊은 시 등으로 구성되어 있다. 특히 스님들과 주고받은 시가 많은데, 그 까닭은 그의 행장에서 찾을 수 있다. 그의 제자 함월은 스님의 편력을 다음과 같이 기술하고 있다.

"안개와 노을을 밟으며 선禪을 닦은 곳과 법의 깃발을 세우고 교敎를 강講한 곳은, 곧 관동關東의 풍악산楓嶽山, 관북關北의 황룡산黃龍山, 춘천春川의 청평사淸平寺, 지평砥平의 용문사龍門寺, 광주廣州의 청계사淸溪寺, 강릉江陵의 오대산五臺山, 안동安東의 태백산太白山, 보은報恩의 속리산俗離山, 공주公州의 계룡산鷄龍山, 상주尙州의 대승사大乘寺, 문경聞慶의 양산사陽山寺, 예천醴泉의 대곡사大谷寺, 청도淸道의 운문사雲門寺, 자인慈仁의 반룡사盤龍寺, 순흥順興의 부석사浮石寺, 성주星州의 쌍계사雙溪寺, 금산金山의 직지사直指寺, 산음山陰의 지곡사智谷寺 등이다. 나아가 호남의 크고 작은 명찰이 그 교화가 미치지 않은 곳이 없으나 번거로움을 피해 기록하지 않는다. 이렇게 소요 자재하였으니, 온 천지가 하나의 큰 살림살이였다."

수없는 사찰과 산천을 편력하며 수많은 사람들을 만나 뜻을 함께하고, 또 이별해야 했을 것이다. 만남과 헤어짐의 연속이었던 스님의 일생은 다음 시에 잘 나타나 있다.

| | |
|---|---|
| 나이 육십도 못 돼 | 行年未六十 |
| 이렇게 머리털 허옇게 세었다니 | 便作白頭人 |
| 너무 쉽게 늙은 나를 괴상타 마오. | 莫恠吾衰易 |
| 한평생 손님 자주 보내며 산 탓이라네. | 平生送客頻 |

〈자여 상인에게(與自如上人)〉

헤어지는 자리에서, 또 헤어지는 자리에 한 말씀 청하는 스님들에게 쓴 그의 시는 매우 소박하고 지극히 일반적인 당부를 하는 정도에 그친다. 당대의 선지식으로서 빼어난 기상이나 눈을 휘둥그레 만드는 표현은 거의 찾아볼 수 없다. 정말 누군가가 옆에서 소곤거리는 것 같은, 또는 혼잣말을 중얼거리는 것 같은 느낌을 받게 한다. 다음 시도 그중 하나이다.

| | |
|---|---|
| 멀리멀리 하늘가에서 이별하고 | 遠遠天涯別 |
| 훨훨 홀로 떠나가는 사람이여. | 飄飄獨去人 |
| 지팡이 의지해 어디로 가는가. | 憑節何處是 |
| 어느 강 어느 산기슭이겠지. | 某水某山濱 |

〈수 선자에게 주다(贈秀禪子)〉

서문을 쓴 오봉鼇峯은 환성 대사의 시를 동진東晉 때의 고사高士 도연명陶淵明에 빗대어 다음과 같이 평하였다.

"'동쪽 울타리 아래 국화를 꺾어 들고 멀리 남산을 바라본다' 하였으니, 이 뜻은 당시 여산 혜원廬山慧遠 법사만 알 수 있었다. 그 뒤로는 마침내 묻는 자가 없었는데, 이제 환성의 시를 살펴보니, 앞도 삼삼이고 뒤도 삼삼이라(前三三後三三) 멀리 있지 않음을 비로소 알겠다."

또한 시의 특징을 다음과 같이 간결하게 표현하였다.

"'도체道體는 텅 빈 산에 달이 비침이요, 심법心法은 물이 흘러가고 꽃이 피어남이다' 하겠으니, 이것이 바로 자네 스승의 문사文辭이네."

적확한 그의 평처럼 환성당의 시어들은 텅 빈 산의 밝은 달빛처럼 투명하고, 잔잔한 물가에 말없이 핀 꽃처럼 소박하다. 소박하지만 결코 천박하지 않은 그의 시어들은 소요 태능逍遙太能(1562~1649)의 시에서 많은 영향을 받지 않았을까 하는 추측을 하게 한다. 다음은 소요당 운을 따라 지은 시다.

| | |
|---|---|
| 발우 씻고 향 사른다는 말 | 洗鉢焚香語 |
| 시구로 알지 말라. | 莫將詩句知 |

| 흥취 일어 한번 읊조리니 | 興來吟一偏 |
| 입안에서 향기로운 바람이 이네. | 牙頰生香颸 |

〈소요 선사의 운을 따라(次逍遙先師韻)〉

물상을 감상함에 있어서도 화려한 수사보다는 소박한 시어들로 그 아름다움을 절묘하게 표현하고 있다. 누군가의 운을 따라 지은 다음 시도 마찬가지다.

| 조그만 폭포는 맑은 소리의 비파 | 小瀑淸聆瑟 |
| 기이한 바위는 숨어서 보는 누대 | 奇巖隱看臺 |
| 봄이 지났건만 여전한 개울가 꽃들 | 溪花春後在 |
| 멀리서 찾아온 나그네 위해 피었네. | 聊爲遠人開 |

〈운을 따라(次韻)〉

평생을 떠돈 납자의 빈궁한 살림살이가 표현된 시들도 많은데, 그런 속에서도 자연의 아름다움과 행복을 놓치지 않는 지혜가 번득인다. 『환성시집』에서 무엇보다 찬란히 빛나는 시들은 주로 이런 유의 시들이다. 다음은 우연히 읊었다는 시다.

| 온종일 성성하게 앉아 있자니 | 盡日惺惺坐 |
| 온 천지가 하나의 눈 속 | 乾坤一眼中 |
| 벗이 있어 오두막 찾아오나니 | 有朋來草屋 |
| 밝은 달님과 맑은 바람. | 明月與淸風 |

〈우연히 읊다(偶吟)〉

부르는 운에 맞춰 지은 다음 시 역시 그중 하나다.

| 벽은 허물어져 남과 북이 통하고 | 壁破南通北 |
| 처마 성글어 하늘이 눈에 훤하구나. | 簷踈眼近天 |
| 황량하고 괴롭겠다 말하지 말라. | 莫謂荒涼苦 |
| 남보다 먼저 바람과 달을 맞이하리니. | 迎風得月先 |

〈부르는 운에 맞춰(呼韻)〉

자신의 초라함을 자괴하지도 또 과장된 몸짓으로 얼버무리지도 않는 이런 시들은 단연 『환성시집』의 백미라 하겠다.

스님의 시에는 거의 승려들과 주고받거나 홀로 심회를 읊은 것이 대부분이다. 시 144편 중 속인들과 주고받은 시는 고작 9수밖에 되지 않는다. 유생들과의 교류에 있어서도 '수재'나 '거사' 등의 표현을 쓰며 담담히 성정을 표현할 뿐, 당시 많은 승려들이 유생들과 교류하며 썼던 과장된 찬양의 표현은 전혀 찾아볼 수 없다. 이는 다음 시에도 잘 나타난다.

| 골짜기에 내리는 비 처음 눈 녹이고 | 洞雨初消雪 |
| 시냇가 매화가 봄을 풀어놓으려는데 | 溪梅欲放春 |
| 그 가운데 애달픈 일이 있으니 | 其中怊悵事 |
| 남쪽과 북쪽으로 떠나고 머무는 사람. | 南北去留人 |

〈정 수재와 헤어지며(別鄭秀才)〉

그의 시 중 관직명을 알 수 있는 이름은 조 장령趙掌令, 이 판서李判書, 목 상국睦相國 정도이다. 다음은 목 상국과 옛날의 즐거웠던 만남을 회상하고 흐뭇해하는 심정을 읊은 시다.

| 산 누각에 누웠던 그때 일 생각하니 | 追思當日臥山樓 |
| 상국의 풍류는 비단 숲의 가을이었지. | 相國風流錦樹秋 |

| 평생을 진중하며 거문고와 술 즐기다가 | 珍重平生琴酒樂 |
| 멋대로 쓴 아름다운 시 지금도 남아 있네. | 謾成佳句至今留 |

〈목 상국의 운을 따라(次睦相國韻)〉

이렇게 유생들과 주고받은 시가 적었던 것은 두 가지로 해석될 수 있다. 하나는 당시 거만하고 고압적인 관리나 유생들과의 굴욕적 교류를 스스로 거부했을 것이라는 추측이다. 앞의 행장에서도 밝혔듯이 스님은 무신년(1728, 영조 4)에 일어난 이인좌李麟佐의 난과 연루되었다는 죄명으로 1729년(영조 5) 지리산에서 체포되었다. 당시 무죄가 입증되어 곧바로 풀려났음에도 불구하고 지역 관리들의 끊임없는 상소로 결국은 제주도로 유폐되어 유배지에서 7일 만에 병사하고 말았다. 이를 근거로 추측해 볼 때 환성 스님은 당시 관리들이나 지역의 권세 있는 유생들과 돈독한 관계를 갖지 못했던 것으로 보인다.

또 하나는 적극적으로 가담하진 않았지만 이인좌의 난과 관련된 유생들과 교류가 있었고, 결국 그 일로 유배되어 사망하였으므로 문집을 간행할 때 의도적으로 누락시켰을 것이란 추측이다. 이는 당시 이인좌의 난과 관련된 소론少論의 주요 거점 중 하나가 영남과 호남의 접경이었던 지리산 유역이었고, 스님의 말년 활동 무대 역시 지리산 유역이었던 점과 무관하지 않다. 스님이 체포된 곳으로 추정되는 함양의 지리산 벽송암碧松庵 역시 이인좌의 동생 이웅보李熊輔에 의해 점령되었던 지역이다.

환성 대사의 시에는 이런 정치적 격변기의 소용돌이에 처한 복잡한 심경이 표출된 시가 몇 수 있다.

| 내 이제 한 수의 시로 | 吾將一首詩 |
| 그대에게 간곡히 말하노라. | 贈爾丁寧語 |
| 세상사 이처럼 어지러우니 | 世上此紛紛 |

| 떠나게 천봉 만봉으로. | 千峯萬峯去 |

〈영오 상인에게 주다(贈穎悟上人)〉

또한 이루지 못한 자신의 꿈, 불교 중흥이란 꿈에 대한 아련한 아픔이 느껴지는 시가 있어 눈길을 끈다.

| 도롱이 입고 삿갓 쓴 외딴 배의 늙은 어부 | 孤舟簑笠老漁父 |
| 낚시 드리우고 한가히 졸며 푸른 물결 희롱하네. | 垂釣閑眠弄碧波 |
| 돛은 저녁놀을 두른 채 먼 포구로 돌아오고 | 帆帶晩霞歸遠浦 |
| 기러기는 가을 달 끌고 긴 모래밭에 내린다. | 鴈拖秋月下長沙 |
| 날갯짓해 떠나지 못하는 해 지난 나비 | 皷翔不去經年蝶 |
| 열매 맺을 일 없는 해묵은 꽃 | 結子無成累世花 |
| 다녀본 산수의 모습이야 적을 수 있지만 | 記得曾行山水態 |
| 승려의 꿈과 나무꾼 노래는 그려내지 못하겠네. | 未圖僧夢與樵歌 |

〈산수 병풍에 쓰다(題山水屛)〉

유배지에서 입멸한 까닭에 안타깝게도 환성 대사의 임종게는 수록되어 있지 않지만 후반부에 환성의 스승인 월담月潭과 풍담楓潭의 임종게를 수록하였고, 더불어 환성의 제자였지만 간행 당시 이미 열반한 호암 체정虎巖體淨(1687~1748)의 임종게를 수록해 법계를 확인케 한다. 또한 말미에 수록된 「문정목록門庭目錄」에는 무려 36인의 입실 제자가 수록되어 있어 뛰어난 제자들을 배출해낸 그의 역량을 엿보게 한다. 이후 그 제자들은 환성파喚惺派라 불릴 만큼 큰 세력을 형성해 조선 후기 불교의 선도자들로 맹활약을 펼쳤다.

더불어 『환성시집』에서 다른 시와 다른 특색을 보이는 시가 한 수 있어 소개한다.

| | |
|---|---|
| 접때 구름 아래서 푸른 노을 벤 걸 봤는데 | 曾見雲根枕碧霞 |
| 언제 바늘 새기고 낭군님 집에 왔나. | 幾時針錯到君家 |
| 두 바퀴 분바른 얼굴 음양이 합하니 | 兩輪粉面陰陽合 |
| 한낮에 우렛소리 눈꽃이 쏟아진다. | 白日雷聲雨雪花 |

〈맷돌(磑石)〉

이 시는 어떤 배경에서 쓰였는지는 모르나 한편으로는 해학적이고 한편으로는 성적인 함의가 다분하다. 마치 음조를 바꿔 가며 연주되는 피아노 소나타에 갑자기 심벌즈를 친 느낌이다.

## 5. 가치

환성의 시에서는 유생들이 즐겨 쓴 화려하고 기교 넘치는 표현을 찾아볼 수 없을 뿐만 아니라 한때 제방을 풍미하며 선과 교의 종장宗匠으로 위세를 떨쳤던 거인의 풍모도 전혀 느껴지지 않는다. 도리어 소박하면서도 정감어린 시어들은 어린아이의 동요 같은 느낌을 주고, 때론 정 많은 노인네의 넋두리 같은 느낌을 주기도 한다. 조선 선종의 정맥을 계승한 분이 썼다고는 도저히 믿기지 않는 면모들이 넘쳐난다. 어쩌면 이런 진솔한 모습들이 거인 환성을 있게 했는지도 모를 일이다. 그에게 붓은 한 치의 틈도 용납하지 않는 방패도 아니고, 상대의 간담을 찌르는 서늘한 칼도 아니었다. 상대의 넋을 빼어 놓는 화려한 춤사위는 더더욱 아니었다. 그의 붓은 언 손을 따스하게 감아쥐는 어머니의 손과 눈길 같은 느낌을 가지게 한다. 그런 면에서 이 책의 서문에서 환성의 시를 도연명의 시에 견준 오봉鰲峯의 평은 결코 공치사만은 아니라고 하겠다.

# 환성시집 총목차

환성시집 해제 / 109
환성시집 총목차 / 120
일러두기 / 126
환성의 시권에 제하다 / 127


## 시 144편

### 오언절구
초당 題草堂 ......... 129
가을밤 秋夜吟 ......... 130
잠에서 깨어 睡餘吟 ......... 131
부르는 운에 맞춰 呼韻 ......... 132
복사꽃 咏桃花 ......... 133
학승들에게 贈思學僧 ......... 134
정 수재와 헤어지며 別鄭秀才 ......... 135
반룡사 내원의 벽에 쓰다 題盤龍內院壁 ......... 136
도영 스님에게 보이다 示道英師 ......... 137
향산으로 가는 스님을 보내며 送香山僧 ......... 138
축탄 스님을 보내며 送竺坦師 ......... 139
만휘 상인에게 주다 贈萬彙上人 ......... 140
봄을 감상하며 賞春 ......... 141
탄의 대사에게 주다 贈坦義大師 ......... 142
성봉 장로에게 보이다 示星峯長老 ......... 143
가을밤 秋夜 ......... 144
청민 상인을 보내며 送淸敏上人 ......... 145
영오 상인에게 주다 贈穎悟上人 ......... 146

혜징 사미에게 주다 贈惠澄沙彌 ……… 147
찬색 상인에게 주다 贈粲賾上人 ……… 148
귀은 대사를 보내며 送歸隱大師 ……… 149
관정 스님에게 주다 贈灌頂師 ……… 150
우연히 읊다 偶吟 ……… 151
우연히 읊다 偶吟 ……… 152
법능 상인에게 與法能上人 ……… 153
자여 상인에게 與自如上人 ……… 154
산으로 돌아가는 심 대사를 보내며 送諶大師歸山 ……… 155
유음幽吟 ……… 156
희 스님에게 보이다 示熙師 ……… 157
삼연의 운을 따라 찬 스님에게 주다 次三淵韻贈讚師 ……… 158
운을 따라 次韻 ……… 159
옥 선자에게 보이다 示玉禪子 ……… 160
은자를 방문했지만 만나지 못하다 訪隱者不遇 ……… 161
박 거사에게 보이다 示朴居士 ……… 162
수 선자에게 주다 贈秀禪子 ……… 163
정암 장로靜菴長老 ……… 164
벽하 장로碧霞長老 ……… 165
쌍회 성진 대사에게 보이다 示雙檜性眞大師 ……… 166
와운 스님을 보내며 送臥雲師 ……… 167
설송 장로雪松長老 ……… 168
해 스님 시축의 운을 따라 次海師軸中韻 ……… 169
오 수재에게 주다 贈吳秀才 ……… 170
법일 스님에게 보이다 示法一師 ……… 171
학청과 헤어지며 別鶴淸 ……… 172
소요 선사의 운을 따라 次逍遙先師韻 ……… 173
우형 스님에게 주다 贈遇泂師 ……… 174
혜 스님에게 주다 贈惠師 ……… 175
발휘 선자에게 주다 贈發揮禪子 ……… 176
환 선자가 말을 청하기에 답하다 酬環禪子之求語 ……… 177

쾌헌 스님에게 주다 贈快軒師 ......... 178
화월 스님에게 보이다 示華月師 ......... 179
벽월 스님에게 보이다 示碧月師 ......... 180
계암 스님에게 보이다 示桂巖師 ......... 181
순 스님에게 보이다 示淳師 ......... 182
도숙 스님과 헤어지며 別道淑師 ......... 183
채보 상인과 헤어지며 別採寶上人 ......... 184
태호 대사가 양친의 부음을 듣고 고향으로 돌아가다 太湖大師聞雙親訃歸鄕 ......... 185
성루에 올라 登城樓 ......... 186

**칠언절구**

목 상국의 운을 따라 次睦相國韻 ......... 187
선준 스님에게 주다 贈善俊師 ......... 188
성철 스님에게 주다 贈聖哲師 ......... 189
혜백 스님 惠白師 ......... 190
한가히 읊다 閑吟 ......... 191
강설루講說樓 ......... 192
소요 선사의 운에 쓰다 題逍遙先師韻 ......... 193
봄날 우연히 읊다 春日偶吟 ......... 194
봄을 감상하고 돌아가는 길에 인 상인에게 주다 賞春歸贈印上人 ......... 195
풍암 취우 스님에게 보이다 示楓巖取愚師 ......... 196
이용헌二庸軒 ......... 197
옥 총섭에게 주다 贈玉摠攝 ......... 198
운문사 약야계雲門寺若耶溪 ......... 199
해인사 무릉교海印寺武陵橋 ......... 200
가야산에 올라 登伽耶山 ......... 201
체붕 스님에게 주다 贈體鵬師 ......... 202
인혜 스님과 헤어지며 別印慧師 ......... 203
혜일 상인과 이별하며 留別慧一上人 ......... 204
말을 청하는 법련에게 답하다 酬法蓮求語 ......... 205
수청 상인에게 보내다 寄水淸上人 ......... 206

선감 대사에게 주다 贈宣鑑大師 ……… 207

월송 만훈 月松萬薰 ……… 208

해인 대사 海印大師 ……… 209

강설하는 자리에서 우연히 읊다 講席偶吟 ……… 210

낭혜의 운에 답하다 酬朗慧韻 ……… 211

「항적전」을 읽고 讀項籍傳 ……… 212

학도들에게 보이다 示學徒 ……… 213

복사꽃 咏桃 ……… 214

국화 咏菊 ……… 215

파란 부채 靑扇 ……… 216

애도하는 글 挽詞 ……… 217

맷돌 磑石 ……… 218

형밀에게 보이다 示洞密 ……… 219

두류산에서 노닐다 遊頭流山 ……… 220

우연히 읊어서 주다 偶吟贈 ……… 221

용추에서 봄을 감상하며 龍湫賞春 ……… 222

한가히 지내며 멋대로 읊다 閑居雜吟 ……… 223

한가히 읊다 閑吟 ……… 224

애도하며 挽 ……… 225

이명에게 보이다 示以明 ……… 226

봄을 감상하며 賞春 ……… 227

봉압사 수각에 쓰다 題鳳押寺水閣 ……… 228

깊은 곳에 살며 幽居 ……… 229

동복현 원님께 올립니다 呈同福倅 ……… 230

감회를 쓰다 書懷 ……… 231

수 상인이 말을 청하기에 답하다 賽修上人求 ……… 232

신영 스님을 보내며 送信穎師 ……… 233

동복현 원님께 올립니다 上同福倅 ……… 234

연해 스님에게 주다 贈燕海師 ……… 235

달영 스님에게 보내다 寄達永師 ……… 236

어부 漁父 ……… 237

헐성루에 올라 登歇惺樓 ......... 238
평봉 선자에게 주다 贈平峯禪 ......... 239
숙 선자에게 보이다 示淑禪子 ......... 240
부르는 운에 맞춰 呼韻 ......... 241
명 상인 明上人 ......... 242
주석처를 옮기는 날 移錫日 ......... 243
영 선자에게 주다 贈暎禪子 ......... 244
이 판서의 운을 따라 次李判書韻 ......... 245

## 오언율시

우강을 지나며 過牛江 ......... 246
종식 상인에게 주다 贈宗湜上人 ......... 247
청평사 題淸平寺 ......... 248
또 又 ......... 249
호 장로에게 주다 贈湖長老 ......... 250
일본 사람의 운을 따라 次日本國人韻 ......... 251
삼뢰초암 三雷草菴 ......... 252
월출산 題月出山 ......... 253
운문사 벽에 쓰인 운을 따라 次雲門寺壁上韻 ......... 254
양식을 구걸하는 스님에게 주다 贈乞粮師 ......... 255
치찬 상인에게 주다 贈致讚上人 ......... 256
지리산 화림정사의 네 경치 智異山花林精舍四景 ......... 257
 -동쪽 계곡 물 東溪水 ......... 257
 -서쪽 대숲 西竹林 ......... 257
 -남쪽 석대 南石臺 ......... 258
 -북쪽 추정 北楸亭 ......... 258

## 칠언율시

조 장령과 헤어지며 別趙掌令 ......... 259
부르는 운에 맞춰 呼韻 ......... 260
제야에 감회를 써서 벗에게 보이다 除夜書懷示友人 ......... 261

산수 병풍에 쓰다 題山水屛 ........ 262
연찰 사미에게 주다 贈演察沙彌 ........ 263
깊은 곳에 살며(2수) 幽居 ........ 264
그 두 번째 其二 ........ 265
작은 암자에서 자다 宿小庵 ........ 266
동복현 원님께 올립니다 上同福倅 ........ 267
천일암 題千日菴 ........ 268


**부록**
월담이 관촉사 관음대상을 찬탄하다 月潭讚灌燭觀音大像 ........ 269
월담의 임종게 月潭臨終偈 ........ 270
호암의 임종게 虎巖臨終偈 ........ 271
풍담의 임종게 楓潭臨終偈 ........ 272

환성 화상 행장 喚惺和尙行狀 ........ 273
문정목록 門庭目錄 ........ 279

주 / 281


찾아보기 / 288

## 일러두기

1. '한글본 한국불교전서'는 문화체육관광부의 지원을 받아 동국대학교 불교학술원에서 수행하고 있는 '불교기록문화유산아카이브(ABC)사업'의 결과물을 출판한 것이다.
2. 이 책은 『한국불교전서』(동국대학교출판부 간행) 제9책 『환성시집喚惺詩集』을 번역한 것이다.
3. 번역문에 이어 원문을 수록하고 고리점( 。)을 삽입하였다.
4. 원문은 『한국불교전서』를 기본으로 하되, 그 저본이 되는 목판본을 대교하여 제시하였다. 역자의 교감 내용에서 '저본'이라 함은 『한국불교전서』의 저본(목판본)을 말한다.
5. 원문의 교감 사항은 번역문의 각주와 별도로 원문 아래 부분에 제시하였다.
   ㉠은 『한국불교전서』 편찬자가 교감한 내용이다.
   ㉡은 번역자가 교감한 내용이다.
6. 약물은 다음과 같다.
   『 』: 서명
   「 」: 편명, 산문 작품
   T : 『대정신수대장경』
   X : 『신찬대일본속장경』
   H : 『한국불교전서』
   Ⓢ : 산스크리트어

# 환성의 시권에 제하다

"동쪽 울타리 아래 국화를 꺾어 들고 멀리 남산을 바라본다."[1] 하였으니, 이 뜻은 당시 여산 혜원廬山慧遠[2] 법사만 알 수 있었다. 그 뒤로는 마침내 묻는 자가 없었는데, 이제 환성의 시를 살펴보니, 앞도 삼삼이고 뒤도 삼삼이라[3] 멀리 있지 않음을 비로소 알겠다.

환성 스님의 제자 해원海源[4]과 성눌聖訥은 용상龍象의 덕을 지닌 분들이다. 성눌이 찾아와 나에게 말을 청하기에 4구로 답하였다.

"'유마가 보인 병은 병이 아니요, 가섭의 말없음이 말씀이다' 하겠으니, 이것이 바로 자네 스승의 행장行藏이네. '도체道體는 텅 빈 산에 달이 비침이요, 심법心法은 물이 흘러가고 꽃이 피어남이다' 하겠으니, 이것이 바로 자네 스승의 문사文辭이네. 어찌 많은 말을 하겠는가."

성눌이 돌아가면 해원도 당연히 머리를 끄덕이리라.

신미년(1751, 영조 27) 납월[5] 8일 깊은 밤에 오봉鰲峯 쓰다.

**題喚惺詩卷**

采菊東籬下。悠然見南山。此意當時。唯廬山遠法師能解。後遂無問者。今覽喚惺詩。乃知前三三後三三弗遐矣。惺師弟子。海源聖訥。龍象也。訥來請余言。爲四句曰。維摩示病非病。迦葉不言是言。乃爾師之行藏。道體山空月照。心法水流花明。乃爾師之文辭。何以多爲。訥乎歸而源也當爲點頭。

辛未臘月八日丙夜。鼇峯。

# 시
詩1)

오언절구2)

## 초당
題草堂

| 옹졸한 내게 알맞은 오막살이 | 斗屋宜吾拙 |
| 턱 고이고 앉아 저녁을 기다리다 | 支頤到夕陰 |
| 대낮에 우는 두견새 소리에 | 杜鵑啼白晝 |
| 깊은 곳에 산다는 걸 비로소 깨닫네 | 方覺卜居深 |

---

1) ㉾ '詩'라는 한 글자는 『한국불교전서』 편찬자가 단락의 구분을 용이하게 하려고 삽입한 것이다.
2) ㉭ 오언절구는 역자가 구분을 위해 삽입한 것이다. 이하 칠언절구, 오언율시, 칠언율시의 구분도 이와 같다.

## 가을밤
秋夜吟

| | |
|---|---|
| 서늘한 달 어느새 동산에 떠오르고 | 凉月忽東峯 |
| 쌀쌀해진 날씨에 산기운마저 숙연해라 | 天寒山氣肅 |
| 가을바람에 한 잎 날릴 때 | 秋風一葉飛 |
| 외로운 나그네는 창틈에서 잠이 든다 | 孤客窓間宿 |

## 잠에서 깨어
睡餘吟

| | |
|---|---|
| 산속 절구질 소리에 깜짝 놀란 졸린 눈 | 睡眼驚山杵 |
| 초가 추녀 끝 해가 참 길구나 | 第簷日正長 |
| 발을 걷고 제비 새끼 쫓았더니 | 鈎簾揮乳燕 |
| 진흙을 떨어뜨려 경상을 더럽히네 | 泥落汚經床 |

## 부르는 운에 맞춰
呼韻

| | |
|---|---|
| 벽은 허물어져 남과 북이 통하고 | 壁破南通北 |
| 처마 성글어 하늘이 눈에 훤하구나 | 簷踈眼近天 |
| 황량하고 괴롭겠다 말하지 말라 | 莫謂荒涼苦 |
| 남보다 먼저 바람과 달을 맞이하리니 | 迎風得月先 |

## 복사꽃
咏桃花

| | |
|---|---|
| 복사꽃 보고 백발이 부끄러워 | 見桃羞白髮 |
| 거울을 등지고 앉은 이른 아침 | 背鏡坐晨朝 |
| 봄은 왜 사사로이 은혜를 베풀지 않을까 | 春豈無私澤 |
| 내 귀밑머리는 물들여 주질 않네 | 不向我鬢彫 |

## 학승들에게
贈思學僧

| | |
|---|---|
| 물 구경 하려거든 창해를 보고 | 觀水觀滄海 |
| 산에 오르려거든 태산에 올라라 | 登山登泰山 |
| 촉공 천년의 훈계[6]를 | 蜀公千載戒 |
| 공부하는 스님들에게 써서 보인다 | 書與學師看 |

## 정 수재와 헤어지며
別鄭秀才

| | |
|---|---|
| 골짜기에 내리는 비 처음 눈 녹이고 | 洞雨初消雪 |
| 시냇가 매화가 봄을 풀어놓으려는데 | 溪梅欲放春 |
| 그 가운데 애달픈 일이 있으니 | 其中怊悵事 |
| 남쪽과 북쪽으로 떠나고 머무는 사람 | 南北去留人 |

## 반룡사 내원의 벽에 쓰다
題盤龍內院壁

| | |
|---|---|
| 동구는 평야로 이어지고 | 洞口連平野 |
| 작은 봉우리에 누대 숨긴 곳 | 樓臺隱小岑 |
| 사는 스님들 게을러 쓸지 않아 | 居僧懶不掃 |
| 떨어진 꽃이 뜰에 가득하네 | 花落滿庭心 |

## 도영 스님에게 보이다
示道英師

| | |
|---|---|
| 깊은 곳을 만나면 물이 맑아지고 | 水逢深處淨 |
| 고요한 때가 되면 마음이 기묘한데 | 心到靜時奇 |
| 무슨 일로 먼 길을 달리면서 | 何事長途走 |
| 허겁지겁 갈수록 어긋나는가 | 區區轉背馳 |

## 향산으로 가는 스님을 보내며
送香山僧

신선이 사는 산 보고픈 지 오래라　　　　欲見仙山久
평생 꿈속에서 찾아갔었네　　　　　　　平生夢裡歸
내년쯤 일이 뜻대로 되면　　　　　　　　明年如得意
먼저 스님의 사립문을 두드리겠소　　　　先扣上人扉

## 축탄 스님을 보내며
送竺坦師

| | |
|---|---|
| 승묵[7] 밖으로 확연히 벗어나 | 廓然繩墨外 |
| 있다 없다는 틀에 떨어지지 말라 | 不落有無機 |
| 허공계마저 때려 부수고 | 打破虛空界 |
| 발걸음 닿는 대로 대천세계를 둘러보라 | 大千信步歸 |

## 만휘 상인에게 주다
贈萬彙上人

온갖 물상에 봄바람 스치니        萬彙春風過
높고 낮은 곳 모두 기이해라        高低摠有奇
촉촉한 가을 이슬 만나면        若逢秋露濕
가지마다 열매가 영글겠지        贏得子枝枝

# 봄을 감상하며
賞春

지팡이 끌고 깊숙한 길을 찾아    曳杖尋幽逕
이리저리 배회하며 홀로 봄을 감상하다가  徘徊獨賞春
돌아오니 그 향기 소맷자락에 가득해   歸來香滿袖
나비들이 멀리까지 사람을 따라오네    蝴蝶遠隨人

## 탄의 대사에게 주다
贈坦義大師

| | |
|---|---|
| 나그네 신세로 맞이하는 새해 | 客裡逢新歲 |
| 누가 찾아와 쇠약한 나를 위로할까 | 誰來慰我衰 |
| 인생살이여 이미 백발이라 | 人生已白髮 |
| 이별을 앞두니 그 슬픔 더하구려 | 臨別益悽其 |

## 성봉 장로에게 보이다
示星峯長老

| | |
|---|---|
| 한 떨기 뜰 앞의 철쭉꽃 | 一朶庭前躑 |
| 남전의 꿈속에서 붉었지 | 南泉夢裡紅 |
| 육공이 미처 다 거두지 못해[8] | 陸公收未盡 |
| 여전히 봄바람에 웃음 짓네 | 依舊笑春風 |

## 가을밤
秋夜

| | |
|---|---|
| 밤기운의 서늘함 풍기는 섬돌 | 夜氣凉生砌 |
| 나그네 시름 자아내는 귀뚜라미 소리 | 蛩聲可客愁 |
| 쓸쓸히 앉아 잠들지 못하며 | 寥寥坐不寐 |
| 백발로 또 맞이하는 가을 | 白髮又逢秋 |

# 청민 상인을 보내며
送淸敏上人

| | |
|---|---|
| 남쪽으로 왔다가 또 북쪽으로 돌아가며 | 南來又北歸 |
| 그대와 더불어 고락을 함께했는데 | 與爾同甘苦 |
| 오늘 갑자기 아득히 떠나가네 | 今日忽飄然 |
| 산 넘고 물 건너 아득한 길로 | 千山萬水路 |

## 영오 상인에게 주다
贈穎悟上人

| | |
|---|---|
| 내 이제 한 수의 시로 | 吾將一首詩 |
| 그대에게 간곡히 말하노라 | 贈爾丁寧語 |
| 세상사 이처럼 어지러우니 | 世上此紛紛 |
| 떠나게 천봉 만봉으로 | 千峯萬峯去 |

## 혜징 사미에게 주다
贈惠澄沙彌

| | |
|---|---|
| 희끗한 머리로 한겨울 밤에 | 白首仲冬夜 |
| 화로를 끼고 앉아 무엇을 쓸까 | 擁爐何所題 |
| 눈 속에 홀로 푸른 저 소나무 | 雪中松獨翠 |
| 저것을 그려 주면 옛 친구는 알리라 | 寫與故人知 |

## 찬색 상인에게 주다
贈粲嗇上人

| | |
|---|---|
| 상인의 맑고 깨끗한 마음은 | 上人淸淨心 |
| 만 리에 뻗은 가을 강의 달 | 萬里秋江月 |
| 밤늦도록 『능가경』 읽노라면 | 半夜讀楞伽 |
| 잔나비들 책상 밑 밤을 훔치겠지 | 猿偸床下栗 |

## 귀은 대사를 보내며
送歸隱大師

| | |
|---|---|
| 일주문 앞에서 이별하고 나면 | 一柱門前別 |
| 긴 세월 꿈속에서나 만나겠지 | 多年夢裡期 |
| 끝없는 생각 남몰래 품고서 | 暗將無限意 |
| 부질없이 오언의 시를 짓는다 | 空賦五言詩 |

## 관정 스님에게 주다
贈灌頂師

| | |
|---|---|
| 백팔염주 손에 들고 | 百八手中珠 |
| 청정한 부처님께 귀의하고 | 南無淸淨佛 |
| 송홧가루 가득 묻은 옷으로 | 松花落滿衣 |
| 서쪽 행랑 달빛 아래 홀로 좌선하라 | 獨坐西廂月 |

## 우연히 읊다
偶吟

온종일 성성하게 앉아 있자니　　　　盡日惺惺坐
온 천지가 하나의 눈 속　　　　　　　乾坤一眼中
벗이 있어 오두막 찾아오나니　　　　有朋來草屋
밝은 달님과 맑은 바람　　　　　　　明月與淸風

## 우연히 읊다
偶吟

| | |
|---|---|
| 늙은이 함께할 벗도 없어 | 老人無與友 |
| 지팡이 끌고 홀로 배회하네 | 曳杖獨徘徊 |
| 장난삼아 멀리까지 산벌이나 좇다가 | 戲逐山蜂遠 |
| 스스로도 부끄러워 웃으며 돌아선다 | 自慙笑却廻 |

## 법능 상인에게
與法能上人

| | |
|---|---|
| 아이 불러 우는 새 쫓아 버리네 | 啼鳥呼兒逐 |
| 내 낮잠을 깨우지 말라고 | 莫敎驚午眠 |
| 깨고 나면 산란한 마음 많아 | 覺時多散亂 |
| 그냥 내내 잠들고 싶을 뿐 | 直欲睡綿綿 |

## 자여 상인에게
與自如上人

나이 육십도 못 돼　　　　　　　行年未六十
이렇게 머리털 허옇게 세었나니　便作白頭人
너무 쉽게 늙은 나를 괴상타 마오　莫惟吾衰易
한평생 손님 자주 보내며 산 탓이라네　平生送客頻

## 산으로 돌아가는 심 대사를 보내며
送諶大師歸山

| | |
|---|---|
| 산승의 삶은 세상 물정과 달라 | 山僧非世態 |
| 이별을 앞두고 인정을 두지 않나니 | 臨別不人情 |
| 나무아미타불 이 하나만 집어 | 但把南無佛 |
| 먼 길의 노자로 정중히 드립니다 | 慇懃贐遠行 |

# 유음
幽吟

온종일 기미조차 잊고 앉아 있자니 　　　盡日忘機坐
봄이 찾아와도 봄인 줄 모르는데 　　　春來不識春
스님이 선정에 드는 게 새들은 싫은가 봐 　　鳥嫌僧入定
창문 밖에서 산인을 부르네 　　　窓外喚山人

## 희 스님에게 보이다
示熙師

| | |
|---|---|
| 병든 나그네 아무 생각 없다지만 | 病客雖無意 |
| 사미는 그래도 인정이 있기에 | 沙彌亦有情 |
| 은근히 이런저런 일들을 | 慇懃多少事 |
| 두세 줄 써서 분부하노라 | 分付兩三行 |

## 삼연[9]의 운을 따라 찬 스님에게 주다
次三淵韻贈讚師

| | |
|---|---|
| 푸른 돌 밑에서 한 번 웃고 | 一笑蒼石底 |
| 흰 구름 사이에서 세 번 웃나니 | 三笑白雲間 |
| 무슨 까닭에 그대를 데리고 떠나 | 何由携爾去 |
| 내연산[10]을 두루 감상하는 걸까 | 徧賞內延山 |

# 운을 따라
次韻

조그만 폭포는 맑은 소리의 비파　　　　　小瀑淸聆瑟
기이한 바위는 숨어서 보는 누대　　　　　奇巖隱看臺
봄이 지났건만 여전한 개울가 꽃들　　　　溪花春後在
멀리서 찾아온 나그네 위해 피었네　　　　聊爲遠人開

## 옥 선자에게 보이다
示玉禪子

| | |
|---|---|
| 사립문 닫고 천봉에 누웠는데 | 閉戶千峯臥 |
| 시를 찾아 멀리서 온 나그네 | 求詩遠客來 |
| 서강 만 리의 물을 | 西江萬里水 |
| 다 마셔 버린 작은 표주박이여[11] | 吸盡小蠡杯 |

## 은자를 방문했지만 만나지 못하다
訪隱者不遇

| | |
|---|---|
| 신연 나루[12]의 물을 건너 | 水過新淵渡 |
| 산으로 은자의 집을 찾았더니 | 山尋隱者居 |
| 텅 빈 뜰에 사람 보이지 않고 | 庭空人不見 |
| 책상 위에 책 한 권만 달랑 | 只有一床書 |

## 박 거사에게 보이다
示朴居士

| | |
|---|---|
| 영좌의 박 거사 | 嶺左朴居士 |
| 관동의 안 대사 | 關東安大師 |
| 서로 만나 할 말이 뭘까 | 相逢何所語 |
| 탐욕 성냄 어리석음 짓지 맙시다 | 不作貪嗔痴 |

## 수 선자에게 주다
贈秀禪子

| | |
|---|---|
| 멀리멀리 하늘가에서 이별하고 | 遠遠天涯別 |
| 훨훨 홀로 떠나가는 사람이여 | 飄飄獨去人 |
| 지팡이 의지해 어디로 가는가 | 憑筇何處是 |
| 어느 강 어느 산기슭이겠지 | 某水某山濱 |

## 정암[13] 장로
靜菴長老

| | |
|---|---|
| 전해 내려오는 무딘 도끼[14]를 | 傳來鈍斧子 |
| 늙은 선화[15]에게 분부하노니 | 分付老禪和 |
| 이것이 부처와 조사의 참다운 생활 | 佛祖眞生活 |
| 어찌 수고롭게 바깥 물건 찾으리오 | 何勞外物多 |

## 벽하[16] 장로
碧霞長老

| | |
|---|---|
| 동국의 대종장 | 東國大宗匠 |
| 벽하 장로가 그분이라 | 碧霞長老其 |
| 서강 만 리의 물을 | 西江萬里水 |
| 한 입에 다 삼킨다네 | 一口能吞之 |

## 쌍회 성진 대사에게 보이다
示雙檜性眞大師

| | |
|---|---|
| 인간사 꿈꾸지 않고 | 不夢人間事 |
| 평생을 늙어 가는 푸른 봉우리 | 平生老碧岑 |
| 그곳에 백 년의 벗 있나니 | 百年朋友在 |
| 추위에 마음 꿋꿋한 두 그루 노송나무 | 雙檜歲寒心 |

## 와운[17] 스님을 보내며
送臥雲師

| | |
|---|---|
| 시비를 벗어난 행동과 차림새로 | 行色是非外 |
| 하늘과 땅 사이 마음대로 가고 머물다가 | 去留天地間 |
| 지팡이 하나로 태백산에 들어가 | 一筇入太白 |
| 경쇠를 치며 금선[18]께 예배하리 | 敲磬禮金仙 |

## 설송[19] 장로
雪松長老

바람 불고 눈 내리는 삼동에도 風雪三冬裏
홀로 추위 견디는 외로운 소나무 孤松獨耐寒
세상 사람 그 누가 알 수 있을까 世人誰識得
대사에게 남겼으니 잘 살펴보시라 留與大師看

## 해 스님 시축의 운을 따라
次海師軸中韻

| | |
|---|---|
| 영 밖을 표연히 떠돌던 나그네 | 嶺外飄然客 |
| 광릉의 해 상인 | 廣陵海上人 |
| 세상이 어찌나 시끄러운지 | 世間何擾擾 |
| 주장자 옮겨 구름가로 들어왔네 | 移錫入雲濱 |

## 오 수재에게 주다
贈吳秀才

| | |
|---|---|
| 단비가 좋은 손님 붙잡았네 | 好雨留佳客 |
| 하늘도 마치 약속이나 한 듯 | 天公若有期 |
| 다음에 한 조각 꿈속에나마 | 他時一片夢 |
| 아득한 가야산으로 찾아가리라 | 杳入伽耶湄 |

## 법일 스님에게 보이다
示法一師

세상 물정이란 태평소 소리와 같건만　　　世情如虎角
좁쌀 빚 갚으러 온 몸인 줄도 모르네[20]　　不覺粟生身
찾는 손님 없다고 괴상타 말라　　　　　　莫恠門無客
평생 한 사람도 보지 못했으니　　　　　　平生不見人

## 학청과 헤어지며
別鶴清

두세 잔 막걸리로　　　　　　　二三盃濁酒
청 선사를 전송하나니　　　　　餞送淸禪師
잔뜩 마시고 그대 취해야만 하리라　滿酌爾須醉
깨었을 땐 차마 떠나지 못하리니　醒時不忍離

## 소요 선사[21]의 운을 따라
次逍遙先師韻

| | |
|---|---|
| 발우 씻고 향 사른다는 말 | 洗鉢焚香語 |
| 시구로 알지 말라 | 莫將詩句知 |
| 흥취 일어 한번 읊조리니 | 興來吟一偏 |
| 입안에서 향기로운 바람이 이네 | 牙頰生香颸 |

### 원래의 시[22] 附原韻

| | |
|---|---|
| 발우 씻고 향 사르는 것 외에 | 洗鉢焚香外 |
| 인간사는 모른다오 | 人間事不知 |
| 스님이 깃들어 쉬는 곳 생각해 보니 | 想師棲息處 |
| 노송나무에 시원한 바람 요란하겠구려 | 松檜聒涼颸 |

## 우형 스님에게 주다
贈遇泂師

| | |
|---|---|
| 오랜 친구 차마 떠나질 못해 | 故人不忍離 |
| 앞개울에 둘러앉았다가 | 繞坐前溪水 |
| 쇠한 귀밑머리 맑은 물결에 비춰 보니 | 衰鬢照淸波 |
| 희끗희끗 몇 가닥은 백발이 되었구려 | 數莖白髮耳 |

## 혜 스님에게 주다
贈惠師

| | |
|---|---|
| 두류산의 혜 상인은 | 頭流惠上人 |
| 나의 지기라 | 與我爲知己 |
| 그대에게 지팡이 하나 주노니 | 贈爾一枝筇 |
| 다음에 나를 부축해다오 | 他時扶予起 |

## 발휘 선자에게 주다
贈發揮禪子

| | |
|---|---|
| 이별의 슬픔 그 힘이 대단해 | 離愁其力大 |
| 늙은 선객의 마음마저 흔드네 | 能動老禪心 |
| 손을 맞잡고 서로 보며 앉았다가 | 把手相看坐 |
| 무심히 먼 산을 바라본다 | 無心望遠岑 |

## 환 선자가 말을 청하기에 답하다
酬環禪子之求語

| | |
|---|---|
| 그 누가 쌀 없는 밥을 지어 | 孰炊無米飯 |
| 오지 않는 사람을 접대할까 | 接待不來人 |
| 소리와 빛깔 어지러운 곳에서 | 聲色紛紜處 |
| 진여를 알아차려야만 하리라 | 要須識得眞 |

# 쾌헌 스님에게 주다
贈快軒師

| | |
|---|---|
| 청년의 젊은 야납 | 靑年少野衲 |
| 백발의 늙은 산옹 | 白髮老山翁 |
| 서래화[23]를 함께 이야기하며 | 共說西來話 |
| 종풍을 나와 그대가 함께하리라 | 宗風自爾共 |

## 화월 스님에게 보이다
示華月師

| | |
|---|---|
| 절에 들어가 춥거든 부처를 태우고[24] | 入院寒燒佛 |
| 경을 보면서 더욱더 마사를 깨닫고는 | 看經轉覺魔 |
| 문을 나서 큰길을 거닐면서 | 出門行大路 |
| 맨발로 산골 노래를 부르리라 | 赤脚唱山歌 |

## 벽월 스님에게 보이다
示碧月師

| | |
|---|---|
| 내 이제 토끼 뿔 지팡이로 | 吾將兎角杖 |
| 다시 찾아온 그대에게 사례하니 | 謝子重尋來 |
| 8만의 바라밀 문을 | 八萬波羅密 |
| 단번에 때려 열어젖히라 | 一時盡擊開 |

## 계암 스님에게 보이다
示桂巖師

| | |
|---|---|
| 산 달 휘영청 간담을 비추고 | 山月輝肝膽 |
| 솔바람이 해골을 꿰뚫는데 | 松風貫髑髏 |
| 조사의 참 면목을 | 祖師眞面目 |
| 왜 꼭 남에게서 찾을까 | 何必用他求 |

## 순 스님에게 보이다
示淳師

| | |
|---|---|
| 평상의 마음이 바로 도인데 | 平常心是道 |
| 세간의 정을 구태여 쓰랴 | 何用世間情 |
| 올연히 일없이 앉아 있어라 | 兀然無事坐 |
| 봄이 오면 풀은 저절로 푸르니라 | 春來草自靑 |

## 도숙 스님과 헤어지며
別道淑師

| | |
|---|---|
| 그대와 내가 맺은 기약 말해 보라면 | 若語爾吾契 |
| 백 년도 오히려 길다 않겠네 | 百年不足多 |
| 겨우 석 달 만에 이별을 하니 | 才經三朔別 |
| 이내 마음은 어쩌란 말인가 | 其奈余心何 |

## 채보 상인과 헤어지며
別採寶上人

| | |
|---|---|
| 훌훌 떠나가는 한 벌 가사여 | 飄然一條衲 |
| 오가는 구름처럼 무심하구려 | 來去雲無心 |
| 초록빛 강물 푸른 산기슭으로 | 綠水靑山畔 |
| 가고 가며 또 시도 읊겠지 | 行行且自吟 |

## 태호 대사가 양친의 부음을 듣고 고향으로 돌아가다
太湖大師聞雙親訃歸鄉

| | |
|---|---|
| 옛사람은 고향 소식 들으면 | 古人鄉信到 |
| 반야의 선을 깊이 생각했지만 | 深念般若禪 |
| 오늘 그대가 돌아가는 곳에선 | 今日君歸處 |
| 곡을 하라 아이고 아이고 | 蒼天又蒼天 |

## 성루에 올라
登城樓

| | |
|---|---|
| 새하얀 달빛에 모래는 눈인 듯 | 月白沙疑雪 |
| 맑은 바람에 여름은 가을이려 하네 | 風淸夏欲秋 |
| 어부의 노래 두세 곡조에 | 漁歌三兩曲 |
| 사람들 드러누운 1층의 누각 | 人臥一層樓 |

칠언절구

## 목 상국의 운을 따라
次睦相國韻

산 누각에 누웠던 그때 일 생각하니　　追思當日臥山樓
상국의 풍류는 비단 숲의 가을이었지　　相國風流錦樹秋
평생을 진중하며 거문고와 술 즐기다가　珍重平生琴酒樂
멋대로 쓴 아름다운 시 지금도 남아 있네　謾成佳句至今留

## 선준 스님에게 주다
贈善俊師

| | |
|---|---|
| 위의도 없고 덕행도 없는 크게 어리석은 사람 | 無儀無行大儱侗 |
| 한평생 산속에서 웅크리고 누웠으니 | 丘壑平生臥曲躬 |
| 시를 청하러 온 사미마저 없었다면 | 不有沙彌來乞句 |
| 세상 사람 그 누가 이 늙은이를 알았을까 | 世人誰識此衰翁 |

## 성철 스님에게 주다
贈聖哲師

| | |
|---|---|
| 향산의 상인 가장 젊은 스님이여 | 香岳上人最少年 |
| 한평생 언제나 흰 구름 가에서 살리라 | 平生長在白雲邊 |
| 달빛 비추는 차가운 연못 같은 선정의 마음으로 | 禪心月照寒潭水 |
| 경쇠 치고 향 사르며 『법화경』25을 이야기하라 | 扣磬焚香談妙連[1] |

---

1) ㉮ '連'은 '蓮'의 오자인 듯하다.

## 혜백 스님
惠白師

| | |
|---|---|
| 대나무 홈통에는 두세 되의 산골짜기 물 | 竹筧二三升野水 |
| 소나무 창가에는 예닐곱 조각의 한가한 구름 | 松窓五七片閑雲 |
| 태평한 이 소식을 아는 이 없어 | 太平消息無人識 |
| 종일 향 사르며 문을 닫고 홀로 있네 | 盡日燒香獨掩門 |

## 한가히 읊다
閑吟

좁고 누추한 작은 암자 노승에게 알맞아 　　少菴偏陋老僧宜
처마 끝 새 종일 우는 소리나 누워서 듣는다 　　臥聽簷禽盡日啼
거기에 또 석양이면 그림 같은 풍경 있으니 　　又有夕陽堪畫處
시골 노인 송아지 몰고 앞개울을 지난다네 　　村翁牽犢過前溪

# 강설루
講說樓

| | |
|---|---|
| 구극[26]의 광음 귀밑머리로 흐르더니 | 駒隙光陰鬢上流 |
| 뜻밖에 흰머리가 온 머리에 가득하네 | 無端白髮徧生頭 |
| 늙은이 심사 참으로 우스워 | 老人心事眞堪笑 |
| 부끄러이 푸른 산 마주하고 난간에 기댄다 | 羞對靑山懶倚樓 |

## 소요 선사의 운에 쓰다
題逍遙先師韻

묵묵히 불조의 영을 온전히 잡아 일으켜 　　默默全提佛祖令
남종의 진정한 맥이 다시 빛을 발했건만 　　南宗眞脉更生光
문풍이 높고 험해 사람들 도달하기 어려워 　　門風高峻人難到
적막한 빈 뜰에 가을 풀만 우거졌구나 　　寂寞空庭秋草長

## 봄날 우연히 읊다
春日偶吟

| | |
|---|---|
| 누더기에 멍석 깔고 창 앞에 누웠으니 | 雲衣草簟臥前欄 |
| 덧없는 세상 헛된 명성 한 올의 털처럼 가벼워라 | 浮世虛名一髮輕 |
| 산 살구꽃 뜰에 가득해도 찾는 사람 없고 | 山杏滿庭人不到 |
| 숲 너머 우는 새만 봄소식을 보내온다 | 隔林啼鳥送春聲 |

**차운한 시**[27] 次附

| | |
|---|---|
| 봄바람 부는 옛 절 기둥에 살포시 잠들었더니 | 假寐東風古寺楹 |
| 옛 동산 가는 천 리 길도 꿈결에선 가벼워라 | 故園千里夢魂輕 |
| 깨어 보니 봄 산에 비가 지나갔구나 | 覺來認過春山雨 |
| 옥동에 꽃이 환하고 물소리도 들리네 | 玉洞花明水又聲 |

## 봄을 감상하고 돌아가는 길에 인 상인에게 주다
賞春歸贈印上人

| | |
|---|---|
| 공부가 고요한 심기에 도달하지 못해 | 工夫未到靜心機 |
| 봄 경치 한껏 즐기고 해 저물어 돌아가는데 | 恣賞春光日暮歸 |
| 진중하신 우리 대사 전혀 상관하지 않아 | 珍重大師都不管 |
| 복사꽃 자두꽃 산에 가득해도 사립문 닫고 있네 | 滿山桃李掩柴扉 |

## 풍암 취우 스님에게 보이다
示楓巖取愚師

평생 거칠고 게으르게 바위산에서 늙어 가며     平生疎懶老巖阿
천봉에 문을 닫고 수마와 벗을 삼는다     門掩千峯伴睡魔
서늘한 달빛에 발 걷으면 바람 소리 상쾌하고     凉月掛簾靈籟爽
하늘 가득한 푸른 안개가 가사에 떨어지네     滿空霏翠滴袈裟

# 이용헌
## 二庸軒

볼품없는 내게 딱 맞는 볼품없는 이 집　　　吾庸端合此庸舍
화려함도 사치도 없으니 세상 누가 다투랴　　無麗無奢世孰爭
부서진 벽에 처마 성글고 지게문마저 틀어져　壁破簷踈兼戶缺
맑은 바람 밝은 달로 한평생 부자일세　　　　淸風明月富平生

## 옥 총섭에게 주다
贈玉摠攝

| | |
|---|---|
| 벼슬의 바다 파도에서 그대를 한 번 본 적 있으니 | 宦海波頭一見君 |
| 고준한 자취 티끌에 더럽히는 일 감당할 만하였지 | 可堪高躅染塵紛 |
| 무슨 일로 작위와 금문[28]의 길을 침 뱉듯이 버리고 | 如何唾爵金門路 |
| 곧장 천봉으로 들어와 흰 구름을 관장하는가 | 直入千峯管白雲 |

## 운문사 약야계[29]
雲門寺若耶溪

차갑게 밤낮으로 흐르는 물결 사랑스러워　　自愛冷冷日夜流
한평생을 조그만 시내 모퉁이에서 사네　　　平生偏占小溪頭
너의 마음 큰 곳에 있으니 어찌 머물 수 있으랴　渠心在大那堪住
넓은 바다에 이르지 않고는 결코 쉬지 않는구나　不到滄溟政不休

## 해인사 무릉교
海印寺武陵橋

| | |
|---|---|
| 절경 찾아 옛일 물으며 차츰 높이 오르니 | 探奇問古漸登高 |
| 눈에 가득한 봄 경치가 태반은 복사꽃 | 滿眼春光太半桃 |
| 진중한 무릉교 그 아래로 흐르는 물 | 珍重武陵橋下水 |
| 지금도 여전히 옛 물결이 이는구나 | 至今猶作舊時濤 |

## 가야산에 올라
登伽耶山

| | |
|---|---|
| 고운이 남긴 자취 푸른 이끼에 덮여 | 孤雲陳迹碧苔籠 |
| 쇠잔한 머리털 홀로 만지며 노송에 기댔다가 | 獨把衰毛倚老松 |
| 보지 못한 기특한 경치를 마저 보고 싶어 | 欲盡未看奇特處 |
| 다시 물병과 지팡이 끌고 높은 봉으로 오른다 | 又携瓶錫上高峯 |

# 체붕 스님에게 주다
贈體鵬師

옛날에 놀던 일 생각하면 꿈만 같으니　　追思舊遊渾似夢
아득해라 어느새 57년이나 지났네　　　　悠悠五十七年春
젊은 시절 친구가 수도 없었다지만　　　　少時親舊雖無數
흰머리 되어 만난 건 그대 한 사람　　　　白首相逢汝一人

## 인혜 스님과 헤어지며
別印慧師

| | |
|---|---|
| 석별에 표정 감추고 말하고 또 웃어 보지만 | 惜別强顏語且笑 |
| 자연스런 정리라 아무래도 조용해지지 않네 | 自然情理不從容 |
| 보고 또 보며 한밤중에 앉아 있자니 | 相看脉脉中霄坐 |
| 창밖 찬바람 소리에 눈이 솔을 때린다 | 窓外寒聲雪打松 |

## 혜일 상인과 이별하며
留別慧一上人

대사는 병이 많아 나올 기약 없고             大師多病出無期
흰머리 이내 생애 또 얼마나 되랴             白首吾生復幾時
약야계에서 한 번 헤어지고 나면              若耶溪上一揮袖
곧 이것이 인간계에선 영원히 이별            便是人間長別離

## 말을 청하는 법련에게 답하다
酬法蓮求語

사립문 늘 닫힌 조그만 시냇가에서　　　柴扉長掩小溪湄
꽃이 지는지 꽃이 피는지 전혀 모르다가　花落花開摠不知
오랜 친구 찾아와 빚 독촉을 받고서야　　剛被故人來索債
한 해 봄이 다 지나 비로소 시를 쓴다　　一年春盡始題詩

## 수청 상인에게 보내다
寄水淸上人

| | |
|---|---|
| 평생 병이 많아 산골에 누워 | 平生多病臥丘壑 |
| 명산의 맑은 물과 바위를 홀로 저버렸네 | 孤負名山水石淸 |
| 만사가 엉망이 되고 몸 또한 늙었으니 | 萬事蹉跎身又老 |
| 구름과 샘의 그윽한 흥취를 그대에게 맡기노라 | 雲泉幽興寄君行 |

## 선감 대사에게 주다
贈宣鑑大師

해마다 좋은 절기엔 여전히 나그네 신세      佳節年年猶作客
풍광은 비록 좋다지만 그저 마음 상할 뿐      風光雖好只傷神
강호의 이 백발을 누가 알아주려나      江湖白髮誰知己
오직 저 월성[30]의 선감 상인뿐이네      唯有月城鑑上人

## 월송 만훈
月松萬薰

| | |
|---|---|
| 장로는 한평생 문을 나서지 아니하여 | 長老平生不出門 |
| 가사가 반쯤은 책상 먼지에 더럽혀졌네 | 袈裟一半床塵涴 |
| 향기로운 부엌에 해 저물고 손은 막 돌아오는데 | 香廚日晏客初廻 |
| 산 살구꽃 뜰에 가득하고 스님 혼자 앉았어라 | 山杏滿庭僧獨坐 |

## 해인 대사
海印大師

| | |
|---|---|
| 관서를 편력하고 또 강남도 | 關西徧歷又江南 |
| 총림을 드나들며 배불리 참구했네 | 出入叢林信飽叅 |
| 거기에 또 부르지 않은 벗이 있나니 | 復有不招朋友在 |
| 맑은 바람 밝은 달과 구름이 그 셋이라 | 淸風明月與雲三 |

## 강설하는 자리에서 우연히 읊다
講席偶吟

어두운 눈 혼미한 정신 말까지 더듬거리니       眼暗神昏語又澁
전도된 그 강론 차마 들을 수 없구나              講論顚倒不敢聽
따르던 납자들 모두 뿔뿔이 흩어지니              從敎衲子稍稍去
홀로 선상에 기대 옛 경전을 뒤적인다              獨倚禪床試舊經

## 낭혜의 운에 답하다
酬朗慧韻

| | |
|---|---|
| 머리털이 희어진 뒤로는 흥 나는 일이 없어 | 白髮邇來無興況 |
| 반듯하게 싸늘히 앉아 마음의 터를 고요히 하는데 | 端宜冷坐靜心基 |
| 사미는 이 늙은 중의 뜻을 알지 못해 | 沙彌不識老僧意 |
| 오히려 새 등지[31] 가져와 내게 시를 청하네 | 猶把新藤乞我詩 |

# 「항적전」[32]을 읽고
讀項籍傳

시서도 배우지 않고 활쏘기도 배우지 않고[33]  　不學詩書不學弓
오추마[34]를 휘몰아 강동을 주름잡았지만  　　長驅騅馬覇江東
홍문에서 패옥을 보였던 모신은 울었나니[35]  　鴻門視玦謀臣泣
여덟 해의 공명이 한낱 휘파람일세  　　　　八載功名一嘯風

## 학도들에게 보이다
示學徒

| | |
|---|---|
| 돌에 앉아 견고함 배우고 물에서 맑음 배우며 | 坐石學堅水學淸 |
| 소나무 마주해 곧음 생각하고 달에서 밝음 생각하라 | 對松思直月思明 |
| 말없는 삼라만상이 모두 스승과 벗이니 | 無言萬像皆師友 |
| 산림에 혼자 살아도 주인과 손님이 되느니라 | 雖獨山林主伴成 |

## 복사꽃
咏桃

뜰 가에 복사꽃 분홍빛이 난만하니　　　庭畔桃花紅爛熳
사람 호리는 아리따움은 봄이 아로새긴 것　惑人夭艶在春彫
살펴보니 푸른 솔의 지조만 못하구나　　看來不及靑松操
서리치고 눈 내릴 때 시들지 않나니　　　霜雪零時作後彫

## 국화
咏菊

계율 따르면 누런 국화 잔에 띄울 일[36] 없지만　　戒須無由泛菊黃
그저 맑은 절개와 서리 견디는 향기를 사랑할 뿐　　但憐淸節傲霜香
가만히 살펴보면 공들의 도를 품은 듯도 하구려　　看來恰似懷公道
고관대작 찾아가지 않고 이 초당을 에워쌌으니　　不向公侯繞草堂

## 파란 부채
靑扇

푸른 난새의 긴 꼬리가 구름 속에서 떨어져 靑鸞毵尾落雲中
5월 염천에 눈바람을 일으킨다 五月炎天做雪風
한번 휘두르면 지긋지긋한 더위 속일 뿐이랴 一揮何啻欺煩暑
산승의 공명심마저 모두 떨어 버리네 拂盡山僧名利功

## 애도하는 글
挽詞

나보다 뒤에 태어나 나보다 먼저 가네     生於吾後死吾先
바람 앞에 홀로 울며 눈물 콧물 뿌리노라     獨泣風前洒涕漣
세상 그 누구에게 오늘 일이 없을까     世上誰無今日事
하도 자주 보는 일이라 모두가 망연하네     頻頻過眼摠芒然

## 맷돌
磑石

접때 구름 아래서 푸른 노을 벤 걸 봤는데    曾見雲根枕碧霞
언제 바늘 새기고 낭군님 집에 왔나    幾時針錯到君家
두 바퀴 분바른 얼굴 음양이 합하니    兩輪粉面陰陽合
한낮에 우렛소리 눈꽃이 쏟아진다    白日雷聲雨雪花

## 형밀에게 보이다
示泂密

임천[37]에서 늙어 가니 세상 인정 두지 않고　　老到林泉不世情
사람을 봐도 뜰에 내려설 힘조차 없어　　見人無力下中庭
천 봉우리 둘러친 방에 별을 보고 누우니　　星前高臥千峯室
만 골짜기 솔바람 소리 베갯머리에 시원하구나　　萬壑松聲枕上淸

## 두류산에서 노닐다
遊頭流山

| | |
|---|---|
| 산세가 깊고 높아 늙은이는 오르지 못해 | 山勢窮隆老未登 |
| 가장 빼어난 절경을 사는 스님에게 물었더니 | 最奇勝處問居僧 |
| 선정 중에 자주 찾아와 소란 떠는 객이 싫어 | 定中嫌客頻來擾 |
| 눈 감고 묵묵히 일부러 말하지 않네 | 閉目無言故不言 |

## 우연히 읊어서 주다
偶吟贈

| | |
|---|---|
| 서쪽에서 온 비밀한 뜻에 누가 화답할까 | 西來密旨孰能和 |
| 곳곳마다 분명하고 물건마다 그것인걸 | 處處分明物物齊 |
| 조그만 절에 봄은 깊고 사람 취해 누웠더니 | 小院春深人醉臥 |
| 온 산 가득 복사꽃 자두꽃에 자규[38]가 우는구나 | 滿山桃李子規啼 |

## 용추에서 봄을 감상하며
龍湫賞春

3월인데 꽃이 없어 깊은 골임을 깨달으니　　三月無花覺地幽
봄을 즐기려면 산을 내려가 놀아야만 하네　　賞春宜作下山遊
시냇가에 어지러이 앉아 술잔을 돌리면서　　緣溪亂坐巡杯酌
손으로 꽃가지 꺾어 잔을 세기 쉬지 않네　　手折花枝筭不休

## 한가히 지내며 멋대로 읊다
閑居雜吟

| | |
|---|---|
| 줄 없는 거문고 한 가락에 누가 화답할까 | 無絃一曲孰能和 |
| 바람과 구름 절로 있어 종자기[39]가 되어 주네 | 自有風雲作子期 |
| 솔 이슬이 발에 가득해 승려의 꿈 차가우면 | 松露滿簾僧夢冷 |
| 덩굴에 걸린 반달이 작은 누각 처마에 | 半輪蘿月小樓楣 |

## 한가히 읊다
閑吟

경을 보았다지만 쇠가죽을 뚫기엔 이르지 못하고    看經不到透牛皮
누덕누덕 기운 누더기 나뭇가지에 걸어 두었네    百結雲衣掛樹枝
떨어지는 나뭇잎 소리에 낮잠에서 깨어나니    落葉聲中驚午睡
고운 하늘 비고 넓은 게 기러기 올 때로구나    楚天空闊鴈來時

## 애도하며
挽

승려가 속인을 곡하는 것 아주 괴상한 일이나　　以僧哭俗大非常
당신의 아들 나에게 아우뻘이 되나니　　　　　令嗣於吾作弟行
한 조각 세상 인정을 다 갈아내지 못해　　　　一片世情磨不盡
흰머리로 눈물 뿌리며 석양에 서 있노라　　　白頭揮涕立斜陽

## 이명에게 보이다
示以明

평생 소활하고 얽매임이 없어           平生疎闊無拘檢
마을과 산중을 자재하게 노니나니      城市雲林自在遊
부귀와 영욕 전혀 상관하지 않고서     富貴榮辱都不管
물병과 지팡이 끌고 또 남쪽 땅 지나가네   又携瓶錫過南州

## 봄을 감상하며
賞春

| | |
|---|---|
| 문득 정신 차리니 내 나이 벌써 예순 | 忽覺吾年六十秋 |
| 축축 늘어진 흰머리 거울 보기 부끄럽네 | 鬖鬖白髮鏡中羞 |
| 봄빛 역시 사람을 늙게 하는데 | 春光亦是令人老 |
| 무슨 한가한 정이 있어 봄놀이에 뜻을 둘까 | 有甚閑情着意遊 |

## 봉압사 수각에 쓰다
題鳳押寺水閣

노쇠한 몸 억지로 끌고 느릿느릿 나선 나들이　　強將衰老懶行遊
돌길은 높고 낮으며 작은 골짝도 깊구나　　石路高低小洞幽
봄 새 울음소리에 산은 더욱 푸르러지는데　　春鳥一聲山更碧
살구꽃엔 가랑비 내리고 나그네는 누대에 오른다　杏花微雨客登樓

## 깊은 곳에 살며
幽居

| | |
|---|---|
| 에워싼 천 봉우리에 손님 보기 드물지만 | 屛迹千峯見客稀 |
| 이 신세 달갑게 여기며 물과 구름에 의지하네 | 自甘身世水雲依 |
| 문에 가득한 거미줄 책상에 이는 먼지 | 蛛絲徧戶塵生榻 |
| 한낮에 사립문 두드리는 한가한 사람도 없구나 | 未有閒人打午扉 |

## 동복현[40] 원님께 올립니다
呈同福倅

진중하고 맑은 시편 세속의 티끌 벗어나　　珍重淸篇脫世塵
읊어 맑아지는 정신에 감사하는 마음 가득　　吟來多謝快精神
정사와 송사 공평히 다스려 관아에 일 없으니　　政平訟理官無事
때때로 산승에게 벗이 되어 주는구려　　時與山僧作故人

## 감회를 쓰다
書懷

| | |
|---|---|
| 거울을 보며 깜짝깜짝 놀라네 희끗해지는 귀밑머리 | 覽鏡頻驚鬢欲星 |
| 가련하다 젊은 시절 다시는 볼 수 없구나 | 自憐無復見靑齡 |
| 내 삶 이미 끝난걸 어쩌겠는가 | 吾生已矣其何奈 |
| 지난 잘못 부질없이 한탄하며 대나무 문을 닫는다 | 空恨前非掩竹扃 |

## 수 상인이 말을 청하기에 답하다
賽修上人求

요사이 병이 많아 문을 닫고 누웠더니　　近因多病閉門臥
이게 바로 정신 혼미하고 게으른 사람　　便是昏昏懶拙人
부지런히 빚 독촉하는 사미가 없었다면　不有沙彌勤索債
나 혼자 한 해의 봄을 저버릴 뻔하였네　幾乎孤負一年春

## 신영 스님을 보내며
送信穎師

| | |
|---|---|
| 마음 달래려 또 오겠다지만 약속할 수 없으니 | 慰情縱有來未約 |
| 좋은 만남 기약하기 어려워 차마 헤어지지 못하네 | 好會難期不忍離 |
| 도력을 이루지 못함 스스로 원망하며 | 自恨未能成道力 |
| 떠나고 머무는 슬픔과 기쁨 다 잊어버린다 | 去留悲喜盡忘之 |

## 동복현 원님께 올립니다
上同福倅

| | |
|---|---|
| 태수께서 거문고 들고 골짜기 문을 들어서니 | 太守携琴入洞門 |
| 숲도 샘도 오히려 태평의 흔적을 두릅니다 | 林泉猶帶太平痕 |
| 승려를 만나고도 양잠과 길쌈하는 일 물으시니 | 逢僧亦問桑麻事 |
| 근심하고 즐거워함 모두 지존을 사랑함이네 | 憂樂無非愛至尊 |

## 연해 스님에게 주다
贈燕海師

| | |
|---|---|
| 도란 그 사람의 속눈썹에 있는 것이요 | 道在當人眼睫裏 |
| 서쪽에서 온 면목도 그저 지금과 같을 뿐 | 西來面目只如今 |
| 물 마시고 밥 먹을 때 항상 나타나 있는데 | 渴飮飢湌常現露 |
| 무엇 하러 허덕거리며 다른 곳에서 찾으랴 | 何用區區別處尋 |

## 달영 스님에게 보내다
寄達永師

산마루 구름 돌아오는 곳에 잠은 아직 깊고 　　嶺雲歸處眠猶熟
산새 우짖을 때에도 귀 또한 비었네 　　山鳥啼時耳亦虛
여섯 감관 맑고 깨끗해 아무것도 없어 　　六根淸淨空無物
홀로 영대를 의지해 불서를 독송한다 　　獨倚靈臺誦佛書

# 어부
漁父

흰머리로 낚시 드리우고 강가에 앉은 것은     白頭垂釣坐江邊
곤[41]이나 고래 잡을 생각이지 전어가 아닌데     意在鯤鯨不在鱣
작은 물총새는 자기 몫 빼앗길까 두려워     小鷸恐謀渠所得
도롱이를 걷어차고 옛 여울로 날아드네     蹵簑飛入舊灘前

## 헐성루에 올라
登歇惺樓

| 연꽃 같다 혹은 창칼 같다 하지만 | 或說芙蓉或劍戟 |
| 세상 사람 대부분 헛된 풍문을 믿었네 | 世人多少信虛傳 |
| 이제 찾아와 높은 누대에 기대 바라보니 | 今來試倚高樓望 |
| 1만 2천 봉우리에 또 백 갈래 냇물일세 | 萬二千峯又百川 |

## 평봉 선자에게 주다
贈平峯禪

임천에 산 지 오래라 세속 정을 모두 끊어　　久住林泉斷俗情
티끌세상이 맑은지 흐린지 알지 못하지　　不知塵世有陰晴
부엌에 해 저물어도 스님은 아직도 선정에 드니　　香廚日晏僧猶定
깊은 절에 사람이 없어 새가 뜰에 내린다오　　深院無人鳥下庭

## 숙 선자에게 보이다
示淑禪子

늙고 병들어 아득히 떠돌 일 없으니　　　　老病無由作汗漫
봄 구경이라고 애오라지 작은 난간에 기대 본다　賞春聊倚小欄干
꽃을 봄이 어찌 송죽을 바라봄만 할까　　　　看花爭似看松竹
눈 속에서 창창히 추운 겨울 견디나니　　　　雪裏蒼蒼冒歲寒

## 부르는 운에 맞춰
呼韻

글재주도 없는 데다 고상한 운자 만나　　　才拙況逢得韻高
시를 쓰려고 붓방아 찧고 또 칼방아를 찧네　　題詩舂筆又舂刀
생각을 쥐어짜 찾아보며 마음을 못내 괴롭히다가　竭思求索心勞渴
찬 샘물 움켜쥐려고 손을 반쯤 오므린다　　　欲掬寒泉手半凹

## 명 상인
明上人

그대는 산에 머물고 나는 산을 떠나는데　　　汝在山中我出山
두 사람의 심사 서로 상관하질 않네　　　　　兩人心事不相干
가을 그림자 따라 각기 흩어지는 꾀꼬리와 제비처럼　鶯燕各隨秋影散
표연한 그 행색 편안하고 한가하구나　　　　飄然行色自安閑

## 주석처를 옮기는 날
移錫日

눈 나라로 떠나는 행장을 괴상히 여기지 말라 莫恠行裝冒雪方
짧은 지팡이 기우는 해에 갈 길이 멀구나 短節斜日去程長
우스워라 사람의 마음 상황 따라 달라지니 可笑人心隨處轉
한바탕 만남과 이별에 기뻐하고 슬퍼하네 一場逢別喜兼傷

## 영 선자에게 주다
贈暎禪子

| 시에 능하지 못한 나를 잘 아는 대사가 | 大師識我不能詩 |
| 구태여 청하는 그 뜻 내 알 만하이 | 勤請之意暗自知 |
| 칠십 노인이라 살날이 많지 않기에 | 七十老人來日少 |
| 백 년 뒤 추억거리를 장만함이겠지 | 百年而後未忘資 |

## 이 판서의 운을 따라
次李判書韻

| | |
|---|---|
| 안개와 노을 같은 간담에 물과 구름 같은 얼굴로 | 烟霞肝膽水雲顔 |
| 잠시도 한가하지 못한 풍진세상 비웃고는 | 自笑風塵不暫閑 |
| 지리산 삼신산에 인연이 얕을까 두려워 | 智異三神猶恐淺 |
| 또 물병과 지팡이 끌고 깊은 산을 찾았구려 | 又將甁錫問深山 |

오언율시

## 우강을 지나며
過牛江

| | |
|---|---|
| 해 저무는 우강의 길 | 落日牛江路 |
| 고르고 고르지 못한 그 길을 배회하나니 | 徘徊平不平 |
| 새는 자욱한 안개 뚫고 가는데 | 鳥穿烟影去 |
| 사람은 석양을 두르고 걸어간다 | 人帶夕陽行 |
| 푸른 물결에 갈매기 흰 줄 알고 | 波碧知鷗白 |
| 누런 소를 보고야 풀의 푸름을 아는데 | 牛黃認草靑 |
| 구름 끝 어디서 절구질일까 | 雲邊何處杵 |
| 언덕 너머에 마을 있음을 알리네 | 隔岸送村聲 |

## 종식 상인에게 주다
贈宗湜上人

| | |
|---|---|
| 행장에는 망동함이 없고 | 行裝無妄動 |
| 자취 또한 굳세고 빛나니 | 蹤迹且壯輝 |
| 넝쿨로 산을 찾는 신을 꿰매고 | 藤補尋山屨 |
| 노끈으로 여름 지낸 옷을 깁는다 | 繩縫過夏衣 |
| 몸이 여위어 오르는 평상이 비좁지 않고 | 登床廋不窄 |
| 잡은 총채 게을러 휘두르는 걸 잊었으니 | 持麈懶忘揮 |
| 손님을 청해 뜰의 잡초나 베고는 | 倩客剗庭草 |
| 향을 사르고 또 사립문 닫네 | 燒香又掩扉 |

## 청평사
題淸平寺

| | |
|---|---|
| 몇 번이나 폐허가 되었을까 천고의 절이여 | 幾墟千古寺 |
| 적막하게 사립문이 닫혀 있네 | 寂寞掩柴扉 |
| 뜰에 가득한 풀로 스님이 적음을 알겠고 | 庭草知僧少 |
| 이끼 낀 길로 손님이 드문 줄 알겠다 | 逕苔認客稀 |
| 채소밭 오이는 까마귀가 다 훔쳐 먹고 | 鴉偸園瓜盡 |
| 쥐가 토담에 구멍을 파고 사는데 | 鼠穴土墻依 |
| 암주는 심기마저 잊고 앉았으니 | 庵主忘機坐 |
| 다람쥐가 장난삼아 옷에 기어오른다 | 林鼯戲上衣 |

# 또
又

| | |
|---|---|
| 나그네 청평사에 이르렀네 | 客到淸平寺 |
| 봄바람에 보슬비 내릴 때 | 東風細雨時 |
| 숲은 깊고 계곡 또한 험하며 | 林深溪又險 |
| 봉우리 첩첩에 길까지 험하구나 | 峯疊路兼危 |
| 골짜기 이름은 스님 만나 물어보고 | 洞號逢僧問 |
| 누대 이름은 현판을 보아 알고는 | 樓名見額知 |
| 저녁 무렵 자음전[42]에 들어가 | 暮投慈蔭殿 |
| 벽을 소제하고 새 시를 쓴다 | 掃壁寫新詩 |

## 호 장로에게 주다
贈湖長老

| | |
|---|---|
| 스스로 나이 칠십이라 하며 | 自言年七十 |
| 마음 두는 일 아무것도 없네 | 無事可關心 |
| 누더기 속의 이는 아이를 불러 잡고 | 衲虱呼童獵 |
| 주머니 속의 시는 손님을 청해 읊는다 | 囊詩倩客吟 |
| 말과 논지 고상하고도 활달하며 | 語論高且闊 |
| 가고 머무는 예스러운 자태 요즘 같지 않은데 | 行止古非今 |
| 사람들 찾아와 소란 떨까 두려워 | 恐有人來擾 |
| 나무 그늘에 앉아 거짓 잠을 잔다 | 陽眠坐樹陰 |

## 일본 사람의 운을 따라
次日本國人韻

| | |
|---|---|
| 이역만리에 풍상은 거듭하고 | 異域風霜重 |
| 타향살이에 세월이 깊었네 | 他鄉歲月深 |
| 술동이 앞의 천 리의 나그네 | 樽前千里客 |
| 등잔불 아래 백 년의 마음이라 | 燈下百年心 |
| 파란 바다는 갈매기 곁의 빛깔이요 | 碧海鷗邊色 |
| 가을 구름은 기러기 밖의 어둠인데 | 秋雲鴈外陰 |
| 돛을 달자니 외로운 섬이 멀어 | 掛帆孤島遠 |
| 머리 돌리고 괴로이 읊조린다 | 回首苦吟吟 |

### 원래의 시 附原韻

| | |
|---|---|
| 하늘의 뜻에는 남북이 없건만 | 天意無南北 |
| 사람의 정에는 얕고 깊음 있으니 | 人情有淺深 |
| 이날을 맞이해 은근히 | 慇懃當此日 |
| 술잔 들고 다시 마음을 논해 본다 | 把酒更論心 |
| 아득한 나루터 정자에 나뭇잎 떨어지고 | 木落津亭逈 |
| 어둠 속 물나라로 기러기 날아가네 | 鴈飛水國陰 |
| 위로하는 자리에 아울러 이별이 아쉬워 | 撫時兼惜別 |
| 이렇게 다시 한번 길게 읊어 본다 | 且復一長吟 |

## 삼뢰초암
三雷草菴

| | |
|---|---|
| 허물어진 절이 마을 들판으로 이어져 | 廢寺連村野 |
| 거기 사는 스님들 반은 세속 얘기 | 居僧半俗談 |
| 처마 성글어 사람들 달빛에 눕고 | 簷踈人臥月 |
| 난간 부서져 나그네는 산바람에 잠든다 | 軒破客眠嵐 |
| 풀을 태워 모기와 등에를 쫓고 | 爇草揮蚊蚋 |
| 샘물 길어 석곽에 채우고는 | 分泉注石潭 |
| 고요하게 깊은 밤 앉아 있자니 | 寥寥深夜坐 |
| 향각에서 들려오는 세 번의 경쇠 소리 | 香閣磬聲三 |

## 월출산
題月出山

| | |
|---|---|
| 높은 봉 꼭대기에 홀로 서니 | 獨立高峯頂 |
| 하늘과 땅이 눈앞에 펼쳐지네 | 乾坤眼底開 |
| 푸른 바다 갈아엎으며 떠나가는 배 | 舟畊滄海去 |
| 까마귀는 지척에서 흰 구름을 돌아 온다 | 鴉尺白雲廻 |
| 돌은 녹지 않는 눈이 되었고 | 石作難消雪 |
| 바위는 쌓지 않은 돈대 되었네 | 巖爲不築臺 |
| 인연에 끌려 흡족히 보지 못해 | 牽緣看未足 |
| 돌아가는 길에 또 머뭇거린다 | 歸路且徘徊 |

## 운문사 벽에 쓰인 운을 따라
次雲門寺壁上韻

| | |
|---|---|
| 절이 황폐해 마을 가게 가까우니 | 寺荒村店近 |
| 언덕 너머로는 소를 모는 소리 | 隔岸叱牛聲 |
| 돌에 걸터앉으니 돗자리를 어디에 쓸까 | 蹲石何須席 |
| 산을 보고는 병풍 걷어 버린다 | 看山即卷屛 |
| 나무 그늘 드리운 앞뒤 동네 | 樹陰前後洞 |
| 풀빛 여전한 예와 지금의 뜰 | 草色古今庭 |
| 조용히 난간에 기대 한참 있자니 | 靜倚欄干久 |
| 머릿속을 꿰뚫는 솔바람 시원하구나 | 松風貫腦淸 |

## 양식을 구걸하는 스님에게 주다
贈乞糧師

| | |
|---|---|
| 대사가 보리를 구걸하러 가네 | 大師乞麥去 |
| 어느 곳 어느 마을 밭으로 | 何處何村田 |
| 판치[43]는 돌아올 지팡이 밖이요 | 板峙歸筇外 |
| 계룡은 외로운 새의 가장자리 | 鷄龍獨鳥邊 |
| 어깨를 쉴 땐 늙은 돌에 걸터앉고 | 息肩蹲老石 |
| 갈증을 달래려 도랑물을 마시면서 | 慰渴飮潦川 |
| 허덕허덕 먼 길을 돌아다니니 | 役役長途走 |
| 언제 고요히 앉아 참선할 수 있을까 | 那時得坐禪 |

## 치찬 상인에게 주다
贈致讚上人

| | |
|---|---|
| 떨어지는 물은 용을 감춘 골짜기 | 落水藏龍壑 |
| 높은 안개는 학을 걸어 둔 가지 | 高霞掛鶴枝 |
| 느릿느릿 돌아온 백련의 절 | 遲回白蓮社 |
| 맑고 빼어난 벽운[44]의 시 | 淸越碧雲詩 |
| 돌 침상이라 잠들지 못해 | 石榻仍無睡 |
| 고단한 발 우선 피로나 풀고 | 芒鞋且息疲 |
| 새벽 등불 앞 녹옥[45]의 죽에 | 晨燈絲[1]玉粥 |
| 티끌 비장 다시금 씻어내리네 | 倍覺浣塵脾 |

---

1) 옉 '絲'는 저본에는 '綠'에 가까운 형태를 지니고 있다. 번역은 저본을 따른다.

# 지리산 화림정사의 네 경치
智異山花林精舍四景


### 동쪽 계곡 물
東溪水

| | |
|---|---|
| 가느다란 저 소리 어디서 오는 걸까 | 細響來何處 |
| 정사 동쪽 계곡에 물이 가득하네 | 軒東水滿溪 |
| 바위를 도는 형상은 꼬불꼬불 | 繞巖形屈曲 |
| 옥을 뿜는 형세는 높고 낮다 | 噴玉勢高低 |
| 언제나 물을 긷는 산골 아이 있고 | 每有山童汲 |
| 항상 들새들이 돌아와 우는데 | 常還野鳥啼 |
| 골 가운데 흐르는 물 쉬지 않나니 | 洞中流不住 |
| 장차 바다의 파도와 같아지려 함이네 | 將欲海波齊 |

### 서쪽 대숲
西竹林

| | |
|---|---|
| 암자 근처 서쪽 봉우리 아래 | 庵近西峯下 |
| 울타리처럼 둘러친 푸른 대숲 | 擁籬翠竹林 |
| 바람 불면 우아한 소리를 내고 | 風來生鴉韻 |
| 서리 내리면 스산한 마음 참아낸다 | 霜落忍寒心 |
| 무성한 줄기는 곧게 구름과 어울리고 | 茂幹和雲直 |
| 신령한 뿌리는 깊게 땅으로 들어갔네 | 靈根入地深 |
| 향엄이 네 소리를 듣고 깨쳤다는데[46] | 香嚴聞爾悟 |

그날 어떤 소리를 냈지            當日作何音

## 남쪽 석대
南石臺

남쪽 기슭은 위태롭기 천 길인데            南麓危千仞
그 앞에 석대가 있으니            其前有石臺
진시황이 채찍으로 닦달해 직접 쌓고            秦鞭驅自築
우임금이 도끼로 깎아 열어 놓은 곳            禹斧削能開
새하얀 눈빛 바위를 쪃고 흩어지면            雪色春巖散
우렛소리 땅에 숨었다 나타나니            雷聲隱地來
이런 절경을 옥동에 감춘 것은            此奇藏玉洞
세상 사람 몰려들까 두려워서라네            猶恐世人廻

## 북쪽 추정
北楸亭

북쪽 언덕 추자나무 아래            北崖楸樹下
돌을 모아 새 정자 쌓으니            驅石築新亭
물이 가까워 타는 마음이 쉬고            水近燋心歇
그늘이 짙어 땀난 얼굴 시원하네            陰濃汗面淸
안개 빛은 대나무 색과 어울리고            煙光和竹色
시냇물 소리 종소리와 섞이는데            澗響雜鍾聲
하루 종일 찾아오는 사람 없어            終日無人到
머뭇머뭇 맴돌며 홀로 정에 맡긴다            般桓獨任情

## 조 장령[47]과 헤어지며
別趙掌令

| | |
|---|---|
| 이별의 아쉬움 깊어 잠시 대에 의지하나 | 惜別慇懃蹔倚臺 |
| 임금께 가는 길에 담소 여가 어디 있으리 | 王程何暇笑談開 |
| 정신 사귐에 천봉이 막아선다 말하지 마소서 | 神交莫道千峯阻 |
| 혼은 꿈속에서 분명 두 땅을 오고 가리 | 魂夢應教兩地來 |
| 지는 해 가을 산에 남북으로 가는 길 | 落日秋山南北路 |
| 푸른 옷깃과 흰 누더기의 떠나고 머무는 술잔 | 靑衿白衲去留杯 |
| 맑은 채찍 혹시나 봉래산 아래를 두드릴지 몰라 | 淸鞭倘搗蓬萊下 |
| 누대 구름 깨끗이 쓸고 돌아올 역마 기다리리 | 淨掃樓雲待馹廻 |

## 부르는 운에 맞춰
呼韻

두류산에 높이 누웠나니 몇 번째 암자인가　　　高臥頭流第幾菴
단에 예배하고 때때로 세 번의 경쇠 소리를 듣나니　禮壇時聽磬聲三
개울은 혼자인 승려가 가련해 밝은 달을 나눠 주고　澗憐僧獨分明月
경계는 사람이 오는 것 싫어 푸른 남기를 둘렀다오　境厭人來繞翠嵐
마음 깨끗해 이미 흐르는 물에 부끄러움 없고　　心淨已無流水愧
몸은 한가하니 어찌 흰 갈매기에 부끄러워하랴　　身閑寧有白鷗慙
경을 담론하고 발우 씻는 것 심상한 일이요　　　談經洗鉢尋常事
수구[48]의 맑은 향불에 손이 절로 따듯하다네　　獸口淸香手自燖

## 제야에 감회를 써서 벗에게 보이다
除夜書懷示友人

| | |
|---|---|
| 여관 창의 차가운 꿈은 영원[49]으로 나는데 | 旅窓寒夢領原飛 |
| 거울 속 쇠잔한 얼굴 나날이 글러만 간다 | 鏡裏衰容日漸非 |
| 강호의 10년 세월 병 많은 나그네 | 湖上十年多病客 |
| 영남 천 리에 6수[50]의 옷이어라 | 嶺南千里六銖衣 |
| 산중에 절이 있어 나는 숨으련만 | 山中有寺吾將隱 |
| 천지에 사람 없으니 자넨 누굴 의지할까 | 宇內無人子孰依 |
| 흰머리로 또 새로운 한 해 맞이하자니 | 白首又逢新歲月 |
| 가슴 가득 헛헛한 심사에 사립문을 닫는다 | 滿腔心事掩柴扉 |

## 산수 병풍에 쓰다
題山水屛

| | |
|---|---|
| 도롱이 입고 삿갓 쓴 외딴 배의 늙은 어부 | 孤舟簑笠老漁父 |
| 낚시 드리우고 한가히 졸며 푸른 물결 희롱하네 | 垂釣閑眠弄碧波 |
| 돛은 저녁놀을 두른 채 먼 포구로 돌아오고 | 帆帶晩霞歸遠浦 |
| 기러기는 가을 달 끌고 긴 모래밭에 내린다 | 鴈拖秋月下長沙 |
| 날갯짓해 떠나지 못하는 해 지난 나비 | 皷翔不去經年蝶 |
| 열매 맺을 일 없는 해묵은 꽃 | 結子無成累世花 |
| 다녀본 산수의 모습이야 적을 수 있지만 | 記得曾行山水態 |
| 승려의 꿈과 나무꾼 노래는 그려내지 못하겠네 | 未圖僧夢與樵歌 |

## 연찰 사미에게 주다
贈演察沙彌

| | |
|---|---|
| 발우 하나로 산과 저자 소요하나니 | 一鉢逍遙山市中 |
| 표연한 신세 조각구름이나 마찬가지 | 飄然身世片雲同 |
| 한가하게 흰 총채 들고 심상히 앉았다가 | 閑將玉麈尋常坐 |
| 다시 금문[51]을 잡고 차례로 연구한다 | 更把金文次第窮 |
| 천 개울에 그림자를 나눈 밝은 달 | 明月影分千澗水 |
| 사철 바람에 곡조 맡긴 외로운 소나무 | 孤松聲任四時風 |
| 사립문 반쯤 닫고 이내 잠이 들어 | 柴扉半掩仍成睡 |
| 꿈속에서 봉래산 8만 봉우리로 들어간다 | 夢入蓬萊八萬峯 |

## 깊은 곳에 살며 【2수】
幽居【二】

| | |
|---|---|
| 무슨 일로 무심히 강 서쪽에 누웠는가 | 底事無心臥水西 |
| 그저 세상 잊고 숨어 살고 싶은 까닭 | 只緣忘世愛幽棲 |
| 차 화로는 손님을 위해 깊은 아궁이 열고 | 茶爐爲客開深竈 |
| 약초밭은 사람들 꺼려 조그만 시내 너머에 | 藥圃諱人隔小溪 |
| 빗소리 흩어진 맑은 하늘에 늙고 젊은 소나무 | 晴散雨聲松老少 |
| 쌀쌀함 쓸고 간 가을빛에 높고 낮은 산 | 冷磨秋色岳高低 |
| 거기에 잠을 깨우는 숲속 새들 있으니 | 林禽亦有來警睡 |
| 산승이 자니의 꿈[52]을 꿀까 두려워서라네 | 猶恐山僧夢紫泥 |

## 그 두 번째
其二

| | |
|---|---|
| 세상 밖 사람이라 세상 밖에 머물면서 | 物外人來物外棲 |
| 마음 씻으려 때때로 난간 앞 시냇물 소리 듣네 | 洗心時聽檻前溪 |
| 한가하면 좀먹은 편지를 꺼내 창에 비추어 읽고 | 閑將蠹簡投窓閱 |
| 객에게 보낼 청아한 시[53] 낭랑하게 읊어 본다 | 朗詠淸詩債客題 |
| 안개와 어울린 향기로운 풀에 봄빛이 따듯하고 | 芳草和煙春色暖 |
| 비를 머금은 시든 꽃 밤이면 가지를 숙이는데 | 殘花擎雨夜莖低 |
| 숲 너머 새는 울어도 천 봉우리는 고요하기만 | 隔林啼鳥千峯靜 |
| 그저 솔바람 베고 누워 고르지 못한 곡조나 듣는다 | 一枕松聲聽不齊 |

## 작은 암자에서 자다
宿小庵

| | |
|---|---|
| 묵은 암자에 비가 지나고 얼룩덜룩한 이끼 무늬 | 古菴經雨暗苔紋 |
| 벼룩과 빈대에 잠이 깨 밤새도록 문지른다 | 蚤蝎攪眠盡夜捫 |
| 바위 절구는 높은 봉우리의 달을 차갑게 찧고 | 巖杵冷舂高峯月 |
| 시내 표주박은 작은 개울의 구름을 깊이 긷는다 | 澗瓢深汲小溪雲 |
| 더러운 벽의 거미줄은 볼 만한 영락[54] | 蛛絲塵壁看瓔絡 |
| 진흙 뜰의 새 발자국은 훌륭한 전문[55] | 鳥印泥庭好篆文 |
| 거기에 또 그림 그릴 만한 태평한 풍경 있으니 | 又有太平堪畵處 |
| 소 치는 아이가 피리 불며 강가를 지나간다 | 牧童橫笛過江濱 |

## 동복현 원님께 올립니다
上同福倅

| | |
|---|---|
| 옛날 용문에서는 가장 젊은 소년이었는데 | 昔日龍門最少年 |
| 흰머리로 서로 만나니 문득 처연하구려 | 白頭相見却悽然 |
| 임천에 흥취가 있어 몸은 비록 의탁했지만 | 林泉有興身雖寄 |
| 읍성에 정이 많아 꿈에 절로 끌렸지요 | 郡郭多情夢自牽 |
| 오랜 나그네는 남방에 의지할 곳조차 없는데 | 久客南方無賴地 |
| 주인은 동각[56]에선 백성의 하늘 되셨구려 | 主人東閣作民天 |
| 훗날 번화한 길에서 인끈을 풀 때에는 | 他時解綬繁華路 |
| 함께 여산에 들어가 백련결사 맺읍시다[57] | 共入廬山結白蓮 |

# 천일암
題千日菴

| | |
|---|---|
| 계곡이 말라 시원한 물소리를 다시는 들을 수 없어 | 溪貧無復聽寒流 |
| 곡조가 그치지 않는 소나무 물결을 사랑하자니 | 自愛松濤韻不休 |
| 늙은 나무들이 참 부처의 면목을 빽빽이 에워싸고 | 老木森圍眞佛面 |
| 묵은 등 넝쿨이 오래된 담장 위를 달린다 | 暮藤奔走古墻頭 |
| 숲 소리가 소슬한 건 바람이 대밭을 흔든 탓 | 林聲蕭瑟風來竹 |
| 승려 그림자가 맑고 여윈 건 달빛이 누각을 비춘 탓 | 僧影淸瘦月入樓 |
| 조그만 봉우리가 처마에 가까워 파란 하늘 떨어지고 | 小巘近簷空翠滴 |
| 사람을 엄습하는 산기운 차갑기가 가을 같네 | 襲人嵐氣冷如秋 |

# 부록[1)]

## 월담[58]이 관촉사 관음대상을 찬탄하다
月潭讚灌燭觀音大像

| | |
|---|---|
| 높이 우뚝 솟은 삭가[59]의 몸이여 | 巍巍落落爍迦身 |
| 손바닥 위에 꽃이 피니 겁 밖의 봄이로다 | 掌上花開刼外春 |
| 계족산의 금란가사[60] 전혀 상관하지 않고 | 鷄足金襴都不管 |
| 소리 없는 삼매로 크게 포효하는구나 | 無聲三昧也嚬呻 |

---

1) ㉩ '부록'이라는 표현은 『한국불교전서』나 저본에는 없는 것이다. 여기에 속한 네 작품은 월담, 호암, 풍담의 임종게를 중심으로 모아 놓은 것이다. 이 작품들은 환성당의 작품으로 보기 어려운데, 아마도 그의 문집 초고에 베낀 것을 함께 판각한 것으로 보인다.

부록 • 269

## 월담의 임종게
月潭臨終偈

| | |
|---|---|
| 죽었다고 말하거나 살았다고 말하면 담판한[61] | 道死道生擔板漢 |
| 산 것도 죽은 것도 아니라는 말이 어찌 중도랴 | 非生非死豈中途 |
| 삶과 죽음 두 글자를 확실히 설명했나니 | 說破兩般生死字 |
| 사람을 죽이는 검이요 또 사람을 살리는 칼이로다 | 殺人劒與活人刀 |

## 호암[62]의 임종게【금강산에서 입멸하시다.】
虎巖臨終偈【示寂金剛山】

| | |
|---|---|
| 법을 강설함에 실수가 많아 | 講法多差失 |
| 서쪽을 물으면 동쪽을 대답하다가 | 問西還答東 |
| 오늘 아침 크게 웃으며 떠나네 | 今朝大笑去 |
| 풍악산 중향성[63]에서 | 楓岳衆香中 |

## 풍담[64]의 임종게
楓潭臨終偈

| | |
|---|---|
| 괴상하구나 이 영물이여 | 咄哉這靈物 |
| 죽음에 이르러 더욱 쾌활하네 | 臨終尤快活 |
| 죽건 살건 아무 변화 없으니 | 死生無變異 |
| 밝고 밝은 가을 하늘 달이로다 | 皎皎秋天月 |

# 환성 화상 행장

무릇 행장이란 숨기기도 어렵고 기술하기도 어렵다. 왜 그런가. 살아서 현인이 아니었는데 죽은 뒤에 현인이라 일컬으면 사람들의 비웃음을 살 것이며, 살아서 도가 있었는데 돌아가신 뒤에 드러냄이 없으면 사람들의 꾸지람을 받기 때문이다. 이제 여기에 세상 사람들의 꾸지람과 비웃음을 두려워하지 않고 선사의 일생을 간략히 적어 본다.

화상의 휘는 지안志安이요, 자는 삼낙三諾이며, 호는 환성喚惺이고, 그 향정鄕井(고향)은 춘천春川이다. 속성은 정씨鄭氏로 강희康熙 갑진년(1664) 6월 10일에 태어나 옹정雍正 기유년(1729) 7월 7일에 입적하니, 동방에 몸을 응현해 예순여섯 번의 봄을 맞고 서방의 계를 받아 쉰한 번의 하안거를 보냈다.

15세에 출가하여 상봉霜峯[65] 대사에게 구족계를 받았고, 17세에 입학하여 월담月潭 화상의 법을 이어받았으니, 곧 청허淸虛[66]의 5대 적손이다. 또 화엄종 모운 진언慕雲震言[67] 화상에게 나아가 처음으로 그 당에 올랐는데, 그 모습이 위엄 있고 당당했으며, 그 목소리는 맑고 은은했다. 거처는 일정하지 않았으나 가는 곳마다 법려法侶들이 문정門庭에 가득 찼으니, 교의敎義를 논하면 아득히 넓은 것이 만 이랑의 파란이 이는 듯하였고, 선지禪旨를 굴리면 높고 우뚝한 것이 천 길 절벽과 같았다. 지금 해내海內에 선을 희롱하고 교에 통달한 자들은 다 선사의 풍격이니, 이른바 전단栴檀을 옮겨 심으면 다른 물건에서도 같은 향기가 난다는 것이다.

안개와 노을을 밟으며 선禪을 닦은 곳과 법의 깃발을 세우고 교敎를 강講한 곳은, 곧 관동關東의 풍악산楓嶽山, 관북關北의 황룡산黃龍山, 춘천春州의 청평사淸平寺, 지평砥平의 용문사龍門寺, 광주廣州의 청계사淸溪寺, 강릉江陵의 오대산五臺山, 안동安東의 태백산太白山, 보은報恩의 속리산俗離山, 공주公州의 계룡산鷄龍山, 상주尙州의 대승사大乘寺, 문경聞慶의 양산사陽山寺, 예천醴泉의 대곡사大谷寺, 청도淸道의 운문사雲門寺, 자인慈仁의 반룡사盤龍寺, 순흥順興의 부석사浮石寺, 성주星州의 쌍계사雙溪寺, 금산金山의 직지사直指寺, 산음山陰의 지곡사智谷寺 등이다. 나아가 호남의 크고 작은 명찰이 그 교화가 미치지 않은 곳이 없으나 번거로움을 피해 기록하지 않는다. 이렇게 소요 자재하였으니, 온 천지가 하나의 큰 살림살이였다.

갑진년(1724) 봄 금산사金山寺에서 화엄법회를 개설하였을 때는 법중法衆이 천백여 명이나 되어 영산회상과 비슷하고 기원정사를 방불케 하였다. 그 도를 높이 받들고 그 덕을 우러렀으니, 대중의 입이 바로 비碑라, 어찌 붓에 있겠는가? 아, 그 신령스러운 마음과 신묘한 법체를 우러를 수는 있었지만 엿볼 수는 없었고, 그 바다 같은 법과 지혜의 근원을 경험할 수는 있었지만 헤아릴 수는 없었다.

신비한 행적이 많지만 간단히 네 가지만 거론해 보자면, 한라산漢羅山(漢拏山)에 입적을 예언한 비기祕記가 있었던 것, 청평사淸平寺에 "다시 온다."라는 참언讖言이 있었던 것, 폭우 속에서 두 번이나 죽을 곳을 면한 것, 꿈속에서 여러 구의 시를 얻은 것 등이다. 이른바 재계齋戒하고 백 일 만에 여러 구의 시를 얻었는데, "수미산을 걸머지고 큰 바다를 건널 수 있으니, 큰 교화의 문을 열어 수풀 속으로 들어가라.(擔得須彌渡大海. 大施門開草裡行.)"라는 것이었다. 꿈속에서 이 시를 준 사람이 자신을 근 노사勤老師라 칭하였으니, 그는 곧 나옹 혜근懶翁惠勤[68] 스님이다. 이 시의 의미는 큰 법을 짊어지고 모든 미혹한 중생을 두루 교화한다는 조짐으로서 이것이 그 첫 번째이다.

정유년(1717) 7월에는 금강산 정양사正陽寺에 주석하고 있었다. 큰 비가 내리던 어느 날 갑자기 고향으로 길을 재촉해 마을의 어느 집에 이르게 되었는데, 집도 넓고 사람도 후하여 유숙할 만하였다. 하지만 스님은 다시 인근의 오막살이로 찾아갔으니, 겨우 몸을 허락할 정도의 집이었다. 그날 밤 그 절과 그 집은 물에 잠겨 죽은 사람이 20여 명이나 되었다. 하룻밤 사이에 두 번이나 죽을 곳을 면한 것은 실로 하늘이 돕고 신이 보호한 것이니, 이것이 그 두 번째이다.

청평사는 고려 초 서천西天의 박달다 존자博達多尊者가 창건한 절이다. 허물어져 황망한 폐허가 되었었는데, 화상이 지팡이 하나만 들고 이곳에 이르자 온갖 폐단이 모두 개선되었다. 그 절 정문 밖에 쌍연雙淵이라는 연못이 있었으니, 그것은 존자가 판 것이었다. 사람을 시켜 그곳을 다시 파다가 한 조각의 부서진 비석을 얻게 되었는데, 그 비문에 "유충관부천리래儒衷冠婦千里來"라는 참언이 있었다. 이를 해석하는 사람이 "'유儒'는 곧 선비(士)요, '충衷'은 곧 마음(心)이며, '관부冠婦'는 곧 여자가 삿갓을 쓴 것으로서 안安 자요, '천리千里'는 곧 중重 자이니, 이것을 합해서 말하면 '지안이 다시 온다(志安重來)'라는 참언입니다."라고 하였다. 아마도 존자가 미리 예언한 것이리라. 이것이 그 세 번째이다.

한라도漢羅島(제주도)에 불상이 있는데, 그 등에 "세 분의 성인이 입적하는 곳(三聖入寂處)"이라는 글귀가 새겨져 있다. 저 중국의 정법보살正法菩薩이 그곳에서 열반하였고, 백 년 뒤에 다시 동국東國의 허응虛應[69] 대사가 그곳에서 입적하였으며, 그 뒤 우리 화상이 그곳에서 입적하였으니, 참으로 기이하고 기이한 일이다. 입적하던 날 산이 울고 바다가 들끓어 사흘 동안 그치지 않았고, 운구를 옮기던 날 저녁에는 하늘과 땅에 상서로운 현상이 나타나 며칠 동안 사라지지 않았으니, 이것이 그 네 번째이다.

위에서 말한 네 가지 이적은 온 세상의 승려와 속인들이 환히 아는 사실이니, 이것을 세상에 드러내지 않는다면 반드시 사람들의 꾸지람을 받을 것이다. 만일 교묘한 말로 거짓을 꾸민 것이라면 이른바 살아서는 현자가 아니었는데 죽어서 현자라 일컫는 것이니, 세상 사람들의 비웃음을 살 뿐만 아니라 또한 선사께도 누를 끼치는 짓이다. 어찌 두렵지 않겠는가!

아, 오래도록 양의 창자 같은 세상길을 밟으며 태평소 소리 같은 인정을 살피지 못해 남의 함정에 떨어져 저 외로운 섬으로 유배되었던 것은, 인욕 선인忍辱仙人이 가리왕歌利王에게 그리되고,[70] 사자 존자師子尊者가 계빈왕罽賓王에게 그리된 것[71]과 같으니, 다 묵은 빚을 갚은 것이었다. 그러므로 화상에게 있어서도 그 해가 없었는데, 그 자손에게 어찌 한이 있겠는가?

한평생의 사적이 별처럼 무성하지만 깨알 같은 재주로는 그림자 같은 행적을 기록하기 어려워 그 만분의 일이나마 간략히 거론하여 삼가 행장으로 삼는다.

숭정崇禎 기원후 두 번째 경오년(1750, 영조 26) 봄에 문인 해원 삼가 짓다.

### 喚惺和尙行狀

夫行狀者。隱之之難。述之之難。何則。生而不賢。死而稱賢。取人之笑。寄而有道。歸而無顯。被人之譏。玆以不畏世人之譏笑。略記先師之始終。和尙諱志安。字三諾。號曰喚惺。鄉井是春川。俗姓乃鄭氏。生於康熙甲辰六月初十日。寂於雍正己酉七月初七日。應東身者。六十六春。服西戒者。五十一夏。三五歲出家。受具於霜峯大師。十七齒入學。嗣法於月潭和尙。即淸虛五世嫡孫也。又叅華嚴宗慕雲震言和尙。初升其堂也。形氣威武。聲韻淸遠。居無之止。到處法侶。溢門盈庭。論敎義則。洋洋焉波瀾萬頃。轉禪旨則。嶷嶷然崖岸千尋。方今海內。弄禪通敎者。乃師之風也。可謂栴檀移植。異物同熏也。躡烟霞。修禪之所。建法幢。講敎之處。則關東之楓嶽。關北之黃龍。春州之淸平。砥平之龍門。廣州之淸溪。江陵之五臺。安東之太白。報恩之俗離。公州之鷄龍。尙州之大乘。聞慶之陽山。醴泉之大谷。淸道之雲門。慈仁之盤龍。順興之浮石。星州之雙溪。金山之直指。山陰之智谷。至於湖南大小名刹。無非所化之處。故避煩不錄焉。逍遙然天地間。一大閑話計也。甲辰春。金山寺設華嚴會。則法衆千又百餘也。依俙焉靈山。髣髴焉祇園。尊其道。仰其德。衆口是碑。豈在筆乎。於戲。其靈臺神宇。可仰而不可窺。法海智源。可涉而不可測。靈跡雖多。略擧四種。漢羅山上有入寂之秘。淸平寺裏有重來之讖。雨中免二死之地。夢裡得數句之詩。謂設齋百日。得詩數句。曰擔得須彌渡大海。大施門開草裡行。夢中贈詩者。自稱曰勤老師。是懶翁惠勤也。詩意則荷擔大法。普化群迷之兆。此其一也。丁酉七月。金剛山正陽寺。留瓶錫矣。日當大雨。忽促鄕路。而到洞家。則家廣人厚。可宜留宿。而更尋隣近斗屋。僅容身矣。其夜厥寺厥家。爲水所溺。死者二十餘也。惟一夜之間。避二死之地。天實佑之。神亦護之。此其二也。淸平寺。卽高麗初西天博達多尊者所創也。廢爲荒墟。和尙一筇來到。百廢俱興。正門外有雙淵。乃尊者之所鑿也。使人改鑿。而得一片斷碑。碑有讖曰。儒夷冠婦千里來。解者曰。儒卽士也。夷卽心也。冠婦卽女之戴冠。安字也。千里卽重字也。合而言之。則志安重來之讖也。盖尊者之所可識乎。此其三也。漢羅島有佛。其背刻云。三聖入寂處。盖中國正法菩薩。涅槃於斯。百年後東國虛應大師。入滅於斯。其後我和尙。又寂於斯。奇乎奇乎。異哉異哉。入寂之辰。山鳴海沸。三日不絶。易簀之夕。天祥地瑞。數日無休。此其四也。上來四種異蹟。擧世緇俗洞知。無以章顯於世。則必取人之譏也。若巧言飾非。則所謂生而不賢。死而稱賢者也。非直取笑於世人。亦乃帶累於先師。可不畏哉。噫。久踏羊腸世路。不察虎角人情。落他陷機。譎彼孤島者。忍辱之於歌利。師子之於罽賓。皆償宿債。則於和尙。亦無其害。於兒孫。何有其恨。凡時順間。事蹟星繁。聊以廐才。難記影行。略擧萬一。謹爲行狀。

崇禎紀元後再庚午。春。門人海源。謹撰。

# 문정목록

취진 처림醉眞處林, 정암 회숙靜菴會淑, 한매 대활寒梅大豁, 우송 회인友松懷仁, 목은 수정牧隱修淨, 유주 취밀幼住趣密, 와운 신혜臥雲信慧, 상월 추정霜月秋淨, 월화 뇌진月華雷震, 한월 총안寒月聰眼, 연봉 축연蓮峯竺演, 천봉 설우千峯雪愚, 용암 신감龍巖神鑑, 형봉 초규荊峯楚珪, 화월 성눌華月聖訥, 벽천 찰평碧川察平, 월암 혜능月巖慧能, 호암 체정虎巖體淨, 계암 늑성桂巖泐性, 포월 초민抱月楚旻, 설송 연초雪松演初, 정파 굉혜定波宏慧, 양곡 혜안陽谷慧眼, 문곡 성철文谷聖喆, 화봉 태민花峯泰旻, 백련 명축白蓮明竺, 한영 성매寒影性梅, 금계 원우錦溪圓宇, 계봉 혜정鷄峯慧淨, 함월 해원涵月海源, 부유 초운浮遊楚雲, 청하 축탄靑霞竺坦, 정월 회한靜月會閑, 용암 증숙龍巖增肅, 설월 육환雪月六還, 쌍회 성진雙檜性眞.

**門庭目錄**

醉眞處林。靜菴會淑。寒梅大豁。友松懷仁。牧隱修淨。幼住趣密。臥雲信慧。霜月秋淨。月華雷震。寒月聰眼。蓮峯竺演。千峯雪愚。龍巖神鑑。荊峯楚珪。華月聖訥。碧川察平。月巖慧能。虎巖體淨。桂巖泐性。抱月楚旻。雪松演初。定波宏慧。陽谷慧眼。文谷聖喆。花峯泰旻。白蓮明竺。寒影性梅。錦溪圓宇。鷄峯慧淨。涵月海源。浮遊楚雲。靑霞竺坦。靜月會閑。龍巖增肅。雪月六還。雙檜性眞。

건륭 17년(1752, 영조 28) 5월 일 남원南原 양일하梁一厦 쓰다.

건륭 신미년(1751, 영조 27) 중하仲夏에 안변安邊 석왕사釋王寺에서 간행하고 판본을 보관한다.

乾隆十七年。五月。日。南原梁一厦書。
乾隆辛未仲夏。安邊釋王寺開刊留鎭。

# 주

1 동쪽 울타리~남산을 바라본다 : 도연명陶淵明의 시 〈음주飮酒〉에서 발췌한 구절이다. 전문을 소개하면 다음과 같다.
  "사람 사는 마을에 오두막 지었지만/ 수레와 말이 들고 나는 소란함 없나니/ 당신 어떻게 이럴 수 있냐 물으시면/ 마음이 멀어지면 땅 절로 외지다 하리./ 동쪽 울타리 아래 국화를 꺾어 들고/ 멀리 남산을 바라보니/ 산기운은 석양빛에 아름답고/ 나는 새들 떼 지어 돌아오네./ 이 가운데 참뜻이 있지만/ 표현하고 싶어도 이미 말을 잊었다오.(結廬在人境。而無車馬喧。問君何能爾。心遠地自偏。采菊東籬下。悠然見南山。山氣日夕佳。飛鳥相與還。此中有眞意。欲辨已忘言。)"

2 여산 혜원廬山慧遠(335~417) : 동진 때 스님이다. 안문雁門 누번樓煩 사람으로 13세에 이미 육경六經을 연구하였고, 노장학에도 정통하였다. 21세에 향산정 도안道安을 찾아가 수학하였다. 373년(전진, 건원 9) 부비苻丕가 양양襄陽을 공격해 도안을 데리고 돌아가자 제자들과 함께 여산에 은거하며 동림사東林寺를 창건하였다. 그곳에서 『아비담심론阿毘曇心論』, 『삼법도론三法度論』을 다시 번역하였고, 『십송률十誦律』을 완역하는 등 크게 공헌하였으며, 그의 덕을 사모해 모인 명사들과 백련사白蓮社를 결성해 염불행을 닦았다. 저서로 『대지도론요략大智度論要略』 20권, 『문대승중심의십팔과問大乘中深義十八科』 3권, 『사문불경왕자론沙門不敬王者論』, 『법성론法性論』 2권, 『사문단복론沙門袒服論』 1권 등이 있다.

3 앞도 삼삼이고 뒤도 삼삼이라(前三三後三三) : 선종에 전래되는 화두이다. 무착 문희無着門喜 선사가 오대산 화엄사 금강굴에서 문수의 화신을 친견했을 때 오고 간 문답의 일부이다. 문수가 무착에게 "남방의 불법은 어떻게 유지되는가?"라고 묻자, 무착이 "말법의 비구들이라 계율을 지키는 이들이 적습니다." 하였다. "대중은 얼마나 되는가?"라고 묻자, "3백 명인 곳도 있고, 5백 명 정도 되는 곳도 있습니다." 하였다. 무착이 "이곳에서는 어떻게 사십니까?" 하고 묻자, 문수가 "범부와 성인이 함께 살고, 용과 뱀이 뒤엉켜 산다." 하였다. 그리고 물었다. "대중은 얼마나 됩니까?" 문수가 대답하였다. "앞도 삼삼이고 뒤도 삼삼이다."(『碧巖錄』 제35칙) 여기서는 대사의 시적 경지가 도연명의 그것과 견줄 만하다는 의미로 쓰였다.

4 해원海源(1691~1770) : 호는 함월涵月, 자는 천경天鏡, 속성은 이씨, 함흥咸興 출신이다. 14세에 도창사道昌寺에서 출가해 선지식을 두루 참례하고 환성喚惺의 법을 이었다. 영조 46년에 나이 80세, 법랍 65년으로 입적하였으며, 탑과 비가 석왕사 동쪽에 있다. 저서로 『천경집天鏡集』 2권이 있다. 이는 『한국불교전서』 제9책에 수록되어 있다.

5 납월臘月 : 음력 섣달을 말한다.
6 촉공蜀公 천년의 훈계 : 촉공은 촉나라 망제望帝이다. 별령鼈靈에게 양위한 망제는 서산西山에 은거하며 복위를 꾀하다 끝내 뜻을 이루지 못하고 죽었다. 그 혼백이 두견새가 되어 피를 토하면서 슬픔과 원통함을 토로했다고 한다. 두견새처럼 때늦은 후회로 비통해하지 말고 원대한 포부를 성취하라는 뜻이다.
7 승묵繩墨 : 먹줄, 곧 정해진 법도나 준칙을 의미한다.
8 남전南泉의 꿈속에서~거두지 못해 : 남전은 마조 도일馬祖道一의 제자 남전 보원南泉普願(748~834) 선사이고, 육공陸公은 남전에게 참학한 육긍 대부陸亘大夫를 지칭한다. 어느 날 육긍이 남전에게 "조肇 법사가 '천지는 나와 같은 근원에서 나온 것이고, 만물은 나와 더불어 하나'라고 말했는데, 정말 대단하지 않습니까?"라고 하였다. 그러자 남전 화상이 문득 뜰 앞에 핀 꽃을 가리키며 대부에게 말하였다. "지금 사람들이 이 한 떨기 꽃을 보는 것은 꿈결과 같습니다."『벽암록碧巖錄』권4 제40칙(T48, 178a).
9 삼연三淵 : 김창흡金昌翕(1653~1722)의 호이다. 조선 후기의 학자로 좌의정 상헌尙憲의 증손자이며, 영의정 수항壽恒의 셋째 아들로서 김창집과 김창협의 동생이다. 형제들과 함께 성리학과 문장으로 널리 이름을 떨쳤으며, 승려들과의 교류도 빈번하였다.
10 내연산內延山 : 경북 포항시 송라면과 죽장면, 영덕군 남장면 경계에 있는 높이 710미터의 산. 종남산終南山이라 불리다가 신라 진성여왕眞聖女王이 이곳에서 견훤甄萱의 난을 피한 후 내연산이라 개칭하였다고 한다.
11 서강 만 리의~작은 표주박이여 : 불법을 통달했음을 인정하는 말이다. 당나라 때 거사 방온龐蘊과 관련된 고사가 있다. 방거사가 마조 도일馬祖道一 선사에게 찾아가, "만법과 짝하지 않는 이는 누구입니까?" 하고 묻자, 마조가 "그대가 한 입에 서강西江의 물을 다 마시면 말해 주리라."라고 하였다.
12 신연 나루(新淵渡) : 춘천에 있는 나루. 낭천浪川과 소양昭陽의 두 강물이 합류하는 곳.
13 정암靜菴 : 법명은 회숙會淑. 이 책의 마지막 장에 있는「문정목록門庭目錄」에 이름이 보이나 전기는 자세하지 않다.
14 무딘 도끼(鈯斧) : 무딘 도끼를 준다는 것은 선종에서 심법을 전수하는 것을 표현하는 말 중 하나이다. 이와 관련된 고사가 있다. 청원 행사青原行思가 석두 희천石頭希遷을 시켜 남악 회양南嶽懷讓에게 편지를 전하게 하면서, "너는 편지를 전하고 곧장 돌아오라. 내가 가진 무딘 도끼를 너에게 주어 산에 살게 하리라." 하였다. 이후 희천이 남악을 다녀와 경과를 보고하고 이렇게 말했다. "떠날 때 화상께서 무딘 도끼를 주시겠다고 하셨는데, 지금 주십시오." 그러자 청원 선사가 한쪽 발을 뻗었고, 희천은 절을 하고 남악으로 떠났다.『경덕전등록景德傳燈錄』권5(T51, 240a).
15 선화禪和 : 스승의 입장에서 선승禪僧을 지칭하는 말이다. 화는 화상和尙이란 의미

로, 선을 참구하는 화상이란 뜻이다.

16 벽하碧霞 : 법명은 대우大愚(1676~1763). 화악 문신華岳文信에게 경전과 교학을 배웠으며, 환성喚惺에게 선을 이어받았다. 경전을 정밀히 연구하였고, 아울러 제자백가諸子百家와 『사기史記』에도 능통하였다. 노년에 『선문염송禪門拈頌』을 좋아하여 만년까지 필기하기를 부지런히 하였다.

17 와운臥雲 : 법명은 신혜信慧. 이 책의 「문정목록」에 이름이 보이나 전기는 자세하지 않다.

18 금선金仙 : 부처님을 지칭하는 말 중의 하나.

19 설송雪松 : 법명은 연초演初(1676~1750). 13세에 운문사에서 출가하여 석제釋霽를 스승으로 섬겼고, 후에 지안志安에게 참학하여 그 법을 이었다. 내전內典을 널리 연구하며 강설하자 학도가 많이 따랐으나 만년에는 학인들을 사절하고 참선에 정진하였다. 영조 26년에 나이 75세, 법랍 62년으로 입적하였다.

20 좁쌀 빚~줄도 모르네 : 막대한 시주의 은혜를 망각한 채 수행을 게을리 하는 출가자를 꾸짖는 말이다. 『선가귀감禪家龜鑑』에서 말하였다. "『지도론智度論』에서 이르기를, '한 수행자가 다섯 알 좁쌀 때문에 소의 몸을 받아 살아서는 뼈가 휘도록 일해 주고, 죽어서는 가죽과 살로 빚을 갚았다'라고 하였으니, 받은 시주를 헛되이 한 과보는 메아리와 같으니라. 그러므로 '차라리 뜨거운 철판을 몸에 두를지언정 신심 있는 이가 주는 옷을 입지 말 것이며, 쇳물을 들이킬지언정 신심 있는 이가 주는 음식을 먹지 말며, 차라리 끓는 가마솥에 뛰어들지언정 신심 있는 이가 주는 집에 거처하지 말라' 하셨다."

21 소요 선사逍遙先師 : 소요는 태능太能(1562~1649)의 법호이고, 선사는 돌아가신 스승에 대한 호칭이다. 13세에 출가하여 부휴浮休에게서 경률經律을 익혔고, 묘향산으로 휴정休靜을 찾아가 의발을 전수받았다. 지리산 신흥사神興寺와 연곡사燕谷寺를 중건하였으며, 1649년 11월 21일 법문과 임종게를 설하고, 나이 87세, 법랍 75년으로 입적하였다.

22 원래의 시 : 소요당이 영준 스님에게 답하는 시(〈賽英俊師〉) 네 수 가운데 한 수다. 『소요당집逍遙堂集』에 수록되어 있다.

23 서래화西來話 : 선문의 대표적 문답 중 하나가 조사가 서쪽에서 온 뜻에 관한 것이다. 이에 대한 여러 선지식들의 대답이 화두가 되었으므로 이를 '서래화'라 한다.

24 절에 들어가 춥거든 부처를 태우고 : 관련된 고사가 있다. 단하 천연丹霞天然이 혜림사慧林寺에 묵는데 날씨가 매우 추웠다. 원주가 땔감을 아껴 객을 소홀히 하자 단하는 불전에 있는 목불을 가져다 불을 지폈다. 원주가 화가 나서, "불제자가 왜 부처님을 태우는 짓을 하냐?"라고 추궁하자, 단하가 주장자로 재를 헤치면서 사리를 얻으려고 그랬다 하였다. 원주가 "목불에 무슨 사리가 있겠냐?"라고 하자, 단하가 "사리가

없다면 양쪽 불상까지 마저 때리라."라고 말하였다.
25 『법화경(妙蓮)』: 원문 '妙蓮'은 '묘법연화경妙法蓮華經'의 줄임말이다.
26 구극駒隙 : 망아지가 벽의 틈을 지나간다는 뜻으로 세월의 신속함과 인생의 무상함을 비유하는 말이다.
27 차운한 시 : 제자 해원海源이 차운한 시이다. 이 시는 〈판의 운을 따라(次板上韻)〉라는 제목으로 『천경집天鏡集』 상권에도 수록되어 있다.
28 금문金門 : 금마문金馬門의 줄임말. 벼슬길을 뜻한다. 한나라 미앙궁未央宮에 있던 문으로 문학지사文學之士가 출사出仕하는 곳이다.
29 약야계若耶溪 : 경북 청도 운문사 서쪽을 흐르는 계곡. 신라 말~고려 초 승려인 보양寶壤 국사가 중창한 오갑사五岬寺에 고려 태조 20년(937)에 왕건이 운문선사라는 편액을 내렸다. 약야계라는 이름은 중국 운문산에 흐르는 계곡인 약야계에서 차용한 것이다.
30 월성月城 : 경주를 가리킨다.
31 등지藤紙 : 오래 묵은 등나무로 만든 종이.
32 「항적전項籍傳」 : 항적은 항우項羽의 이름. 우羽는 자字이다. 『한서漢書』 권31에 수록되어 있다.
33 시서도 배우지~배우지 않고 : 항적項籍이 젊었을 때 글을 배웠으나 성공하지 못해 그만두고 검술을 배웠다. 하지만 그것도 성공하지 못하였다. 그의 계부季父 항량項梁이 화를 내자, 항적이 이렇게 말하였다. "글은 성명을 기록하면 충분하고, 검술은 한 사람밖에 대적할 수 없으므로 배울 것이 못 됩니다." 이에 항량이 항적에게 병법兵法을 가르치자, 항적이 매우 좋아하였다고 한다. 『사기』 권7 「항우본기項羽本紀」.
34 오추마烏騅馬 : 항우가 탔던 명마이다.
35 홍문에서 패옥을~모신謀臣은 울었나니 : 모신은 항우의 책사로서 아부亞父로 불리며 존경받은 범증范增을 지칭한다. 유방이 관중關中을 점령한 뒤 제후의 진입을 막기 위해 군사를 보내어 함곡관函谷關을 봉쇄하자, 항우는 관문을 격파하고 진군하여 홍문에 주둔하고는 유방을 공격하기로 하였다. 항우의 삼촌 항백項伯의 주선으로 유방이 홍문으로 와서 관문을 막은 것에 대해 변명하고 사과하였는데, 이때 범증이 유방을 죽이라는 암시로 항우에게 눈짓하며 차고 있던 옥결玉玦을 세 번이나 들어 보였다. 하지만 항우는 못 본 체하였다. 이에 범증이 항장項莊을 시켜 검무劍舞를 추다가 유방을 찔러 죽이게 하였지만, 이 역시 항백과 번쾌의 방해로 실패한다. 유방은 결국 홍문을 탈출하였고, 장량이 유방을 대신해 항우와 범증에게 패물을 올렸다. 범증은 받은 옥 그릇(玉斗)을 땅에 내려놓고 칼로 박살내면서 "풋내기와는 일을 도모하기가 힘들구나." 하며 분개하였다. 『사기』 권7 「항우본기項羽本紀」.
36 누런 국화 잔에 띄울 일 : 음력 9월 9일, 즉 중양절重陽節이 되면 국화를 술에 띄워 마

37 임천林泉 : 수목이 울창하고 샘물이 흐르는 산중, 즉 세상을 버리고 은둔하기에 알맞은 장소를 일컫는다.

38 자규子規 : 두견새의 별칭. 옛날에 촉제蜀帝 두우杜宇가 원통하게 죽어서 이 새로 변했다는 전설이 있다. 특히 봄철에 밤낮으로 구슬피 운다.

39 종자기鍾子期 : 지기知己의 벗을 뜻한다. 종자기와 백아伯牙는 춘추春秋 때 사람인데, 백아가 거문고를 타면 오직 종자기만 그 곡조의 의미를 알아들었다고 한다. 뒤에 종자기가 죽자, 백아는 "이제 세상에는 내 곡조를 알아줄 사람(知音)이 없다."라며 거문고 줄을 끊어 버렸다고 한다.

40 동복현同福縣 : 전남 화순의 옛 지명. 백제의 두부지현으로, 757년(경덕왕 16)에 동복현으로 개칭되어 곡성군에 속하게 되었다. 1405년(태종 5)에 화순에 병합되어 1407년 복순현으로 개칭되었다가, 1416년(태종 7)에 동복현으로 복구되었다. 1895년에 지방제도 개정으로 나주부 동복군, 1896년에 전라남도 동복군이 되었다가 1914년 군면 폐합 때 화순군에 병합되고 동복군은 폐지되었다.

41 곤鯤 : 『장자』에 등장하는 물고기. 크기가 어마어마하며, 붕새로 변화한다고 한다.

42 자음전慈蔭殿 : 자비로움의 그늘을 드리운 전각이란 뜻으로 법당을 말한다.

43 판치板峙 : 널티 고개. 충남 공주시 계룡면 기산리와 월암리를 잇는 재.

44 벽운碧雲 : 시승詩僧 혹은 시승의 작품을 뜻하는 말이다. 남조 송의 시승인 혜휴惠休의 시 중 '일모벽운합日暮碧雲合'이라는 명구名句에서 비롯되었다.

45 녹옥綠玉 : 육각주상의 옥돌. 여기에서는 죽이 거칠고 딱딱한 것을 비유하였다.

46 향엄香嚴이 네 소리를 듣고 깨쳤다는데 : 향엄은 당나라 향엄 지한香嚴智閑(?~898) 선사를 말한다. 어머니 뱃속에서 나오기 이전 본분사本分事에 대해 묻는 위산 스님의 질문에 대답하지 못한 지한은 평생의 공부가 헛되었음을 느끼고 혜충 국사慧忠國師의 유적지에 은거하였다. 그곳에서 하루는 풀을 베다가 기왓장 조각을 주워 던졌는데, 그 조각이 대나무에 부딪쳐 난 소리를 듣고 크게 깨쳤다고 한다.

47 장령掌令 : 조선 시대 사헌부의 정사품 관직.

48 수구獸口 : 동물 모양의 향로에서 연기가 나오는 입구.

49 영원領原 : 강원도 원주의 지명으로 추정된다.

50 6수銖 : 수銖는 무게의 단위. 1냥兩의 24분의 1에 해당한다. 미미한 무게를 뜻한다.

51 금문金文 : 불경을 말한다.

52 자니紫泥의 꿈 : 자니는 무도武都에서 생산된 자주색 진흙인데, 조서詔書를 봉하는 인주印朱로 사용했다. 전하여 공명功名을 추구함을 말한다.

53 객에게 보낼 청아한 시 : 시채詩債라는 말이 있다. 번역하면 시의 빚이다. 다른 사람의 부탁에 따라 시를 지을 때 아직 답시를 짓거나 보내지 않은 것이 빚과 같음에서

유래하였다.
54 영락瓔珞 : 주옥을 뚫어 만든 구슬 꾸러미. 아름답게 치장하는 데 쓰인다.
55 전문篆文 : 전서체篆書體 글, 무늬.
56 동각東閣 : 현사賢士를 초빙하는 건물. 한 무제漢武帝 때 공손홍公孫弘이 승상이 되고 나서 객관客館을 짓고는 객관 동쪽의 작은 문(東閣)을 열어 놓고 현사들을 맞이했다는 고사에서 온 말이다.
57 함께 여산에 들어가 백련결사 맺읍시다 : 세속의 정을 잊고 함께 불법을 공부하자는 말이다. 동진東晋의 혜원慧遠(335~417) 스님이 여산廬山 동림사東林寺에 은거하자 그 덕을 사모한 명사들이 모여들었고, 혜원 스님은 그들과 백련사白蓮社를 결성해 염불행을 닦았다고 전한다.
58 월담月潭 : 설제雪霽(1632~1704)의 법호. 속성은 김씨, 창화 출신이다. 13세에 출가하여 설악산 숭읍崇揖에게 귀의하고 16세에 비구계를 받았으며, 일여一如와 함께 발심해 보개산 설청說淸에게서 학업을 닦았다. 영평 백운사에서 풍담楓潭을 만나 선禪과 교敎의 종지를 밝혔다. 『화엄경』과 『염송』에 해박하였다. 금강산 정양사에서 지내다 금화산金華山 징광사澄光寺에서 73세로 입적하였다.
59 삭가爍迦 : 삭가라爍迦羅·작가라斫迦羅·삭갈라爍羯羅라고도 하며, 금강金剛으로 의역하기도 한다. 『능엄경장수소楞嚴經長水疏』에서 "삭가라란 견고하여 무너지지 않는다는 뜻이다."라고 하였다. 즉 금강처럼 파괴되지 않는 견고한 몸을 말한다.
60 계족산의 금란가사(鷄足金襴) : 세존께서 가섭에게 부촉하신 금란가사를 가섭이 수지하고 미륵의 출현을 기다리며 계족산에서 선정에 들었다고 전한다.
61 담판한擔板漢 : 널빤지를 짊어진 사람처럼 한쪽만 보고 다른 쪽은 보지 못하는 편벽된 사람을 가리키는 말이다.
62 호암虎巖 : 체정體淨(1687~1748)의 법호. 속성은 김씨, 전라도 고창 흥양 사람. 1701년(숙종 27) 15세에 출가하여 환성 지안의 법을 이어받았다. 주로 합천 해인사, 양산 통도사에 주석했는데, 그를 따르는 스님이 늘 수백 명에 달했다고 한다. 두륜산의 대둔사(대흥사)에서 『화엄경』 강회를 크게 열기도 하였다. 나이 62세, 법랍 47년으로 입적하였다. 문인으로 연담 유일蓮潭有一 등이 있다. 이 책의 「문정목록」에 이름이 있다.
63 중향성衆香城 : 구묘향성具妙香城이라고도 한다. 『마하반야바라밀경摩訶般若波羅蜜經』 권27 「상제품常啼品」(T8, 416a)에서 법용보살法涌菩薩, 즉 담무갈보살曇無竭菩薩이 중향성에 상주하며 마하반야바라밀을 항상 설하고 계신다고 하였다. 그 중향성이 바로 금강산이라는 믿음이 우리나라에 있었다.
64 풍담楓潭 : 조선 후기 스님으로 법명은 의심義諶(1592~1665), 속성은 유씨柳氏, 통진 출신이다. 16세에 성순性淳에게 출가해 원철圓徹에게 참학하고, 뒤에 편양鞭羊에게

입실入室하여 청허淸虛의 법을 이었다. 남쪽을 순례하며 기암奇岩·소요逍遙를 참례하였으며, 금강산과 보개산에서 『화엄경華嚴經』 등 백 수십 권을 열람하고 잘못된 곳을 정정하여 음석音釋을 저술하였다. 금강산 정양사에서 나이 74세, 법랍 58년으로 입적하였다.

65 상봉霜峯 : 정원淨源(1621~1709)의 법호. 속성은 김씨, 영변 출신이다. 선천善天에게서 구족계를 받았고, 완월玩月·추형秋馨에게 경과 논을 배웠으며, 30세에 풍담楓潭의 법을 이었다. 그 뒤로 여러 곳을 편력하며 선지식을 참례하고 강의하였다. 해인사에서 『열반경』 등 3백여 부의 경전에 토를 달았고, 봉암사에서는 『도서』와 『절요』에 과문科文을 나누었으며, 특히 『화엄경』에 정통하였다. 숙종 35년 지평 용문사에서 나이 83세, 법랍 64년으로 입적하였다.

66 청허淸虛 : 휴정休靜(1520~1604)의 법호. 속성은 최씨崔氏, 자는 현응玄應, 안주安州 출신이다. 묘향산에 오래 주석해 서산 대사西山大師라 칭한다.

67 모운 진언慕雲震言(1622~1703) : 진양 사람. 어려서 출가하여 의열義悅의 제자가 되었다. 당대의 고승인 벽암 각성碧嚴覺性의 지도를 받았고, 수십 년 동안 가야산, 황악산, 팔공산 등지에서 수행했으며, 만년에는 『화엄경』에 심취하였다. 저술로는 『대방광불화엄경칠처구회품목지도』가 있다. 대사가 직지사直指寺에서 강석을 펴고 있을 때 지안이 참학하였는데, 그 그릇됨을 간파하고는 강석을 물려주고 은거했다고 전한다.

68 나옹 혜근懶翁惠勤(1320~1376) : 고려의 명승으로 이름은 원혜元惠, 호는 나옹懶翁, 당호는 강월헌江月軒이다. 속성은 아씨牙氏며, 영해寧海 출신이다. 공덕산 묘적암에서 요연了然에게 출가하였고, 원나라 북경北京에서 지공指空을 뵙고 깨달은 바 있었다. 다시 남쪽으로 가 평산 처림平山處林에게서 법의法衣와 불자拂子를 받고, 다시 북경으로 돌아와 지공의 법의와 불자를 전해 받았다. 1371년 왕사가 되었고, 회암사를 크게 중건하였으며, 여주 신륵사에서 나이 57세, 법랍 38년으로 입적하였다.

69 허응虛應(?~1565) : 법명은 보우普雨, 호는 허응 또는 나암懶庵이라 하였다. 명종의 모후母后 문정왕후文定王后가 섭정할 때 강원 감사의 천거로 봉은사 주지가 되었다. 승과僧科를 회복하고, 승려에게 도첩度牒을 부여해 불교를 부흥시키려고 노력하였다. 그러나 문정왕후가 죽은 뒤 유생들의 참소로 1565년(명종 20)에 제주도로 유배되어 목사 변협에게 피살되었다.

70 인욕 선인忍辱仙人이 가리왕歌利王에게 그리되고 : 석가모니부처님이 전생에 인욕 선인이었을 때, 가리왕이 칼로 인욕 선인의 몸을 갈가리 베어 죽였다는 고사가 있다.

71 사자 존자師子尊者가~그리된 것 : 서천 제24조인 사자 존자는 외도의 모함으로 계빈왕에게 살해당하였다.

# 찾아보기

### ㄱ

강설루講說樓 / 192
계봉 혜정鷄峯慧淨 / 279
계암 능성桂巖泐性 / 181, 279
관음대상觀音大像 / 269
관정灌頂 스님 / 150
관촉사灌燭寺 / 269
광흥사廣興寺 / 107
귀은歸隱 대사 / 149
금계 원우錦溪圓宇 / 279
금산사金山寺 / 110, 111, 274
김창흡金昌翕 / 282

### ㄴ

나옹 혜근懶翁惠勤 / 111, 274, 287
낭혜朗慧 / 211
『능가경』 / 148

### ㄷ

달영達永 스님 / 236
대우大愚 / 283
도숙道淑 스님 / 183
도영道英 스님 / 137

### ㅁ

만휘 상인萬彙上人 / 140
명 상인明上人 / 242
모운 진언慕雲震言 / 110, 287
목 상국睦相國 / 116, 187
목은 수정牧隱修淨 / 279
문곡 성철文谷聖喆 / 279

### ㅂ

박 거사朴居士 / 162
반룡사盤龍寺 / 136
발휘 선자發揮禪子 / 176
백련 명축白蓮明竺 / 279
백련사白蓮寺 / 111
법능 상인法能上人 / 153
법련法蓮 / 205
법일法一 스님 / 171
『법화경』 / 189
벽월碧月 스님 / 180
벽천 찰평碧川察平 / 279
벽하 장로碧霞長老 / 165, 283
보우普雨 / 287
봉압사鳳押寺 / 228
부유 초운浮遊楚雲 / 279

288 • 환성시집

삼뢰초암三雷草菴 / 252
삼연三淵(김창흡) / 158
상봉 정원霜峯淨源 / 109, 287
상월 추정霜月秋淨 / 279
석왕사釋王寺 / 107, 112, 280
선감 대사宣鑑大師 / 207
『선문오종강요』 / 112
선준善俊 스님 / 188
설송 연초雪松演初 / 168, 279, 283
설월 육환雪月六還 / 279
설제雪霽 / 286
성눌聖訥 / 107, 127
성봉 장로星峯長老 / 143
성진性眞 / 166
성철聖哲 스님 / 189
소요 태능逍遙太能 / 114, 173, 193, 283
수 상인修上人 / 232
수 선자秀禪子 / 163
수청 상인水淸上人 / 206
숙 선자淑禪子 / 240
순淳 스님 / 182
신륵사神勒寺 / 111
신영信穎 스님 / 233
신혜信慧 / 283
심잠 대사 / 155
쌍회 성진雙檜性眞 / 166, 279

양곡 혜안陽谷慧眼 / 279
양일하梁一廈 / 280

여산 혜원廬山慧遠 / 114, 127, 281
연봉 축연蓮峯竺演 / 279
연찰 사미演察沙彌 / 263
연초演初 / 283
연해燕海 스님 / 235
영 선자暎禪子 / 244
영오 상인穎悟上人 / 146
오봉鰲峯 / 119, 127
오 수재吳秀才 / 170
옥 선자玉禪子 / 160
옥 총섭玉摠攝 / 198
와운 신혜臥雲信慧 / 167, 279, 283
용암 신감龍巖神鑑 / 279
용암 증숙龍巖增肅 / 279
우송 회인友松懷仁 / 279
우형遇洞 스님 / 174
운문사雲門寺 / 199, 254
월담 설제月潭雪霽 / 110, 269, 270, 286
월송 만훈月松萬薰 / 208
월암 혜능月巖慧能 / 279
월화 뇌진月華雷震 / 279
유주 취밀幼住趣密 / 279
의심義諶 / 286
이명以明 / 226
이용헌二庸軒 / 197
이인좌李麟佐의 난 / 111, 117
이 판서李判書 / 116, 245
인 상인印上人 / 195
인혜印慧 스님 / 203
임종게臨終偈 / 270, 271, 272

자여 상인自如上人 / 154
정 수재鄭秀才 / 135
정암 회숙靜菴會淑 / 164, 279, 282
정양사正陽寺 / 275
정원淨源 / 287
정월 회한靜月會閑 / 279
정파 굉혜定波宏慧 / 279
조 장령趙掌令 / 116, 259
종식 상인宗湜上人 / 247
직지사直指寺 / 110

찬색 상인粲嗇上人 / 148
채보 상인採寶上人 / 184
천봉 설우千峯雪愚 / 279
천일암千日菴 / 268
청민 상인淸敏上人 / 145
청평사淸平寺 / 248, 249, 274
청하 축탄靑霞竺坦 / 279
청허 휴정淸虛休靜 / 110, 287
체붕體鵬 스님 / 202
체정體淨 / 286
축탄竺坦 스님 / 139
취진 처림醉眞處林 / 112, 279
치찬 상인致贊上人 / 256

쾌헌快軒 스님 / 178

탄의 대사坦義大師 / 142
태능太能 / 283
태호太湖 대사 / 185

편양 언기鞭羊彦機 / 110
평봉平峯 선자 / 239
포월 초민抱月楚旻 / 279
풍담 의심楓潭義諶 / 110, 272, 286
풍암 취우楓巖取愚 / 196

학청鶴淸 / 172
한매 대활寒梅大豁 / 279
한영 성매寒影性梅 / 279
한월 총안寒月聰眼 / 279
함월 해원涵月海源 / 112, 279
「항적전項籍傳」/ 212, 284
해해 스님 / 169
해원海源 / 127, 276, 281
해인海印 대사 / 209
해인사海印寺 / 110, 200
행호行乎 / 111
허응 보우虛應普雨 / 111, 287
헐성루歇惺樓 / 238
형밀泂密 / 219
형봉 초규荊峯楚珪 / 279
혜백惠白 스님 / 190

혜惠 스님 / 175
혜일慧一 상인 / 204
혜징 사미惠澄沙彌 / 147
호암 체정虎巖體淨 / 118, 271, 279, 286
호 장로湖長老 / 250
홍계희洪啓禧 / 109
화림정사花林精舍 / 257
화봉 태민花峯泰旻 / 279
화엄법회華嚴法會 / 110, 111, 274
화월 성눌華月聖訥 / 179, 279

환 선자環禪子 / 177
「환성 대사 비명喚惺大師碑銘」 / 109
환성파喚惺派 / 112, 118
「환성 화상 행장喚惺和尙行狀」 / 109, 112, 273
회숙會淑 / 282
회암사檜巖寺 / 111
휴정休靜 / 287
희熙 스님 / 157

# 한글본 한국불교전서

## 조·선·출·간·본

**조선 1** 작법귀감
백파 긍선 | 김두재 옮김 | 신국판 | 336쪽 | 18,000원

**조선 2** 정토보서
백암 성총 | 김종진 옮김 | 4X6판 | 224쪽 | 12,000원

**조선 3** 백암정토찬
백암 성총 | 김종진 옮김 | 4X6판 | 156쪽 | 9,000원

**조선 4** 일본표해록
풍계 현정 | 김상현 옮김 | 4X6판 | 180쪽 | 10,000원

**조선 5** 기암집
기암 법견 | 이상현 옮김 | 신국판 | 320쪽 | 18,000원

**조선 6** 운봉선사심성론
운봉 대지 | 이종수 옮김 | 4X6판 | 200쪽 | 12,000원

**조선 7** 추파집·추파수간
추파 홍유 | 하혜정 옮김 | 신국판 | 340쪽 | 20,000원

**조선 8** 침굉집
침굉 현변 | 이상현 옮김 | 신국판 | 300쪽 | 17,000원

**조선 9** 염불보권문
명연 | 정우영·김종진 옮김 | 신국판 | 224쪽 | 13,000원

**조선 10** 천지명양수륙재의범음산보집
해동사문 지환 | 김두재 옮김 | 신국판 | 636쪽 | 28,000원

**조선 11** 삼봉집
화악 지탁 | 김재희 옮김 | 신국판 | 260쪽 | 15,000원

**조선 12** 선문수경
백파 긍선 | 신규탁 옮김 | 신국판 | 180쪽 | 12,000원

**조선 13** 선문사변만어
초의 의순 | 김영욱 옮김 | 4X6판 | 192쪽 | 11,000원

**조선 14** 부휴당대사집
부휴 선수 | 이상현 옮김 | 신국판 | 376쪽 | 22,000원

**조선 15** 무경집
무경 자수 | 김재희 옮김 | 신국판 | 516쪽 | 26,000원

**조선 16** 무경실중어록
무경 자수 | 성재헌 옮김 | 신국판 | 340쪽 | 20,000원

**조선 17** 불조진심선격초
무경 자수 | 성재헌 옮김 | 신국판 | 168쪽 | 11,000원

**조선 18** 선학입문
김대현 | 성재헌 옮김 | 신국판 | 240쪽 | 14,000원

**조선 19** 사명당대사집
사명 유정 | 이상현 옮김 | 신국판 | 508쪽 | 26,000원

**조선 20** 송운대사분충서난록
신유한 엮음 | 이상현 옮김 | 신국판 | 324쪽 | 20,000원

**조선 21** 의룡집
의룡 체훈 | 김석군 옮김 | 신국판 | 296쪽 | 17,000원

**조선 22** 응운공여대사유망록
응운 공여 | 이대형 옮김 | 신국판 | 350쪽 | 20,000원

**조선 23** 사경지험기
백암 성총 | 성재헌 옮김 | 신국판 | 248쪽 | 15,000원

**조선 24** 무용당유고
무용 수연 | 이상현 옮김 | 신국판 | 292쪽 | 17,000원

**조선 25** 설담집
설담 자우 | 윤찬호 옮김 | 신국판 | 200쪽 | 13,000원

**조선 26** 동사열전
범해 각안 | 김두재 옮김 | 신국판 | 652쪽 | 30,000원

**조선 27** 청허당집
청허 휴정 | 이상현 옮김 | 신국판 | 964쪽 | 47,000원

**조선 28** 대각등계집
백곡 처능 | 임재완 옮김 | 신국판 | 408쪽 | 23,000원

**조선 29** 반야바라밀다심경략소연주기회
석실 명안 엮음 | 강찬국 옮김 | 신국판 | 296쪽 | 17,000원

**조선 30** 허정집
허정 법종 | 성재헌 옮김 | 신국판 | 488쪽 | 25,000원

**조선 31** 호은집
호은 유기 | 김종진 옮김 | 신국판 | 264쪽 | 16,000원

**조선 32** 월성집
월성 비은 | 이대형 옮김 | 4X6판 | 172쪽 | 11,000원

**조선 33** 아암유집
아암 혜장 | 김두재 옮김 | 신국판 | 208쪽 | 13,000원

**조선 34** 경허집
경허 성우 | 이상하 옮김 | 신국판 | 572쪽 | 28,000원

**조선 35** 송계대선사문집·상월대사시집
송계 나식·상월 새봉 | 김종진·박재금 옮김 | 신국판 | 440쪽 | 24,000원

## 신·라·출·간·본

**신라 1** 인왕경소
원측 | 백진순 옮김 | 신국판 | 800쪽 | 35,000원

**신라 2** 범망경술기
승장 | 한명숙 옮김 | 신국판 | 620쪽 | 28,000원

**신라 3** 대승기신론내의약탐기
태현 | 박인석 옮김 | 신국판 | 248쪽 | 15,000원

**신라 4** 해심밀경소 제1 서품
원측 | 백진순 옮김 | 신국판 | 448쪽 | 24,000원

**신라 5** 해심밀경소 제2 승의제상품
원측 | 백진순 옮김 | 신국판 | 508쪽 | 26,000원

**신라 6** 해심밀경소 제3 심의식상품 제4 일체법상품
원측 | 백진순 옮김 | 신국판 | 332쪽 | 20,000원

**신라 12** 무량수경연의술문찬
경흥 | 한명숙 옮김 | 신국판 | 800쪽 | 35,000원

**신라 13** 범망경보살계본사기 상권
원효 | 한명숙 옮김 | 신국판 | 272쪽 | 17,000원

**신라 14** 화엄일승성불묘의
견등 | 김천학 옮김 | 신국판 | 264쪽 | 15,000원

**신라 15** 범망경고적기
태현 | 한명숙 옮김 | 신국판 | 612쪽 | 28,000원

## 고·려·출·간·본

**고려 1** 일승법계도원통기
균여 | 최연식 옮김 | 신국판 | 216쪽 | 12,000원

**고려 2** 원감국사집
충지 | 이상현 옮김 | 신국판 | 480쪽 | 25,000원

**고려 3** 자비도량참법집해
조구 | 성재헌 옮김 | 신국판 | 696쪽 | 30,000원

**고려 4** 천태사교의
제관 | 최기표 옮김 | 4X6판 | 168쪽 | 10,000원

**고려 5** 대각국사집
의천 | 이상현 옮김 | 신국판 | 752쪽 | 32,000원

**고려 6** 법계도기총수록
저자 미상 | 해주 옮김 | 신국판 | 628쪽 | 30,000원

**고려 7** 보제존자삼종가
고봉 법장 | 하혜정 옮김 | 4X6판 | 216쪽 | 12,000원

**고려 8** 석가여래행적송·천태말학운묵화상경책
운묵 무기 | 김성옥·박인석 옮김 | 신국판 | 424쪽 | 24,000원

**고려 9** 법화영험전
요원 | 오지연 옮김 | 신국판 | 264쪽 | 17,000원

※ 한글본 한국불교전서는 계속 출간됩니다.

## 환성 지안喚惺志安
(1664~1729)

법명은 지안志安, 호는 환성喚惺(喚醒), 속성은 정씨鄭氏다. 15세에 용문사로 출가하여 상봉 정원霜峯淨源에게 구족계를 받고, 17세에 월담 설제月潭雪霽의 법을 이었다. 27세에 모운慕雲이 직지사에서 법회를 연다는 소식을 듣고 찾아가자, 모운은 수백 명의 학인을 스님에게 맡기고 다른 곳으로 떠났다. 직지사에서 강의하며 크게 명성을 얻었고, 이후 전국을 편력하였다. 1724년에 금산사에서 화엄대법회를 열자 모인 학인이 천백여 명에 달했다고 한다. 1729년에 법회에서 음모를 꾸몄다는 모함을 받아 지리산에서 체포되어 호남의 옥에 갇혔다가 제주도로 귀양을 간 지 7일 만에 세상을 떠났다.

## 옮긴이 성재헌

동국대학교 불교학과를 졸업하고 해군 군종법사를 역임하였으며, 동국대학교 역경원에서 근무하였다. 현재 한국불교전서 번역위원으로 활동하고 있다. 조계종 간행 『부처님의 생애』·『청소년불교입문』의 집필위원으로 참여하였고, 저서로 『커피와 달마』·『붓다를 만난 사람들』·『육바라밀』이 있으며, 역서로 『자비도량참법집해』·『불조진심선격초』·『선학입문』·『사경지험기』 등이 있다.

**선문오종강요 증의 및 윤문**
김호귀(동국대학교 불교문화연구원 HK연구교수)

**환성시집 증의 및 윤문**
김종서(성균관대학교 한문학과 초빙교수)